VERLAG ANTJE
KUNSTMANN

WILLY ASTOR

WIR SEHN UNS VORM GERICHT!

KOCHEN MIT FREUNDEN

VERLAG ANTJE KUNSTMANN

INHALT

»DAS IST NICHT MEIN KOCHBUCH, DAS IST UNSER KOCHBUCH«

Von vielen Freuden ist für mich »Essen mit Freunden« eine der schönsten. Ich empfinde es als ein besonderes Erlebnis, etwas Gutes dafür einzukaufen, beim Kochen die Vorfreude auf ihr Erscheinen zu genießen, mit ihnen einen Aperitif zu trinken (oder zwei), während aromatische Düfte die Luft erfüllen …

Und wenn dann gegessen und genossen wird, geredet und gelacht, vergisst man schnell die Zeit. Das ist für mich Lebensqualität. Und es bringt immer wieder Leichtigkeit ins Leben, das nicht immer so fluffig daherkommt wie Salzburger Nockerln.

Ein delikate Geschmackslektüre für alle lustvollen Selbergernekocher und leidenschaftlichen Mitesser mit Anregungen, Bonmots und vielen »gschmackigen« Rezepten, die auch nicht geübten neugierigen Küchenliebhabern gut gelingen.

»Essen muss immer schmecken und darf nie anstrengend sein!«

Dieser Erkenntnis von Eckart Witzigmann ist nichts hinzuzufügen.

Also: Wir sehn uns vorm Gericht!

Gerhard Polt

SPAGHETTI POVERA GENTE

Arme-Leute-Essen aus Neapel

Für 4 Personen

4 große Zwiebeln

4 Karotten

Reichlich Olivenöl

3 Knoblauchzehen, klein geschnitten (wer mag)

Oregano

Salz

Schwarzer Pfeffer aus der Mühle

500 g Spaghetti

Zwiebeln in dünne Ringe schneiden (mit Brotmaschine, Gemüsehobel oder per Hand), Karotten (auf Bayrisch »Geiwe Ruam«) grob raspeln.

Beides in reichlich Olivenöl (es sollte in einer großen Pfanne ca. 1,5 cm hoch stehen) langsam bei moderater Hitze simmern lassen, immer wieder mal umrühren, ruhig etwas anschmoren lassen, mindestens 1–1,5 Stunden zu einer leicht sämigen Masse verkochen.

Wer möchte, kann eine halbe Stunde vor Kochende noch 3 klein geschnittene Knoblauchzehen mitschmurgeln lassen, dann mit Oregano, Salz und frisch gemahlenem Pfeffer würzen.

Das Ganze auf frisch al dente gekochte Spaghetti geben und genießen.

Dazu passt hervorragend ein leichter italienischer Rotwein.

»Auch Gerhard ist manchmal total verzwiefelt …«

Tini Polt

»Meistens is a so: Wenn ma gern isst, kocht ma gern, und übers Kochen lernt man die Welt kennen. Neapel war eine Stadt mit sehr viel Armut, die Leute mussten aus dem wenigen, das da war, viel machen, quasi eine Art Überlebensmittel – dazu brauchst eine Fantasie. Zwiebeln kosten nicht viel, Nudeln waren in Italien auch immer billig, und an Fantasie hat es den einfachen Leuten nie gefehlt – von ihnen haben auch große Köche immer gelernt –, und wenn dir der Duft dieses köstlichen Essens in die Nase steigt, fängst du bei einem Glas Wein während des Schmorvorgangs an, über die Aromen zu reden oder zu überlegen, wie oft dieses Rezept schon weitervererbt wurde …«

Gerhard Polt

»Wie soll ma song, bin in München geboren, habe meine Kindheit kindlich und kindgerecht verbracht in Altötting, dann kam ich in die Ruinengroßstadt München Anfang der 50er-Jahre, wo ich ein Mitglied der Amalienbande war, durch reges Sammeln von Kupferdrähten und Messingtürgriffen brachte ich es als Kind zu einem sehr kleinen Vermögen. Dann durchwanderte ich die Schrecken des schulischen Daseins. Durch die Überredenskünste anderer widmete ich mich dem unseriösen Beruf des Humoristen und machte dadurch die persönliche Bekanntschaft mit solchen Größen wie dem Hirnreiner Rudi und dem Ismeier Manfred, die mich beide bis heute sehr geprägt haben.«

»Wussten Sie eigentlich, dass Nudeln in ihrem früheren Leben Teig waren?«

Maria und Reinhold Tippel, Binderwirt in Burgau

ORIGINAL SCHWÄBISCHE MAULTASCHEN MIT KARTOFFELSALAT

Für 4 Personen

Für den Nudelteig:

300 g Mehl

3 Eier (Gr. M)

2 EL weiche Butter

1 TL Salz

Wenn's pressiert: Nudelteig gibt es auch fertig zu kaufen.

Für die Füllung:

1 Zwiebel

1 EL Butter

200 g frischer Spinat (alternativ TK)

½ Brötchen vom Vortag

250 g Hackfleisch vom Schwein oder Kalb

1 Ei

1 TL Salz

Pfeffer

Schnittlauch

Petersilie

1 Prise Muskat (oder nach Geschmack)

50 g geräucherter Speck, in kleine Würfel geschnitten

Nudelteig:
Aus den genannten Zutaten auf einem Nudelbrett einen glatten, geschmeidigen Teig kneten und 20 Minuten ruhen lassen.

Füllung:
Zwiebel in Würfel schneiden, in der Butter glasig dünsten.

Den Spinat in kochendem Wasser kurz zusammenfallen lassen und sofort in kaltem Wasser abschrecken, zum Abtropfen in ein Sieb geben, danach klein hacken. Brötchen in Milch einweichen, das Hackfleisch, das gut ausgedrückte Brötchen, Ei, Salz und Pfeffer mit Schnittlauch und Petersilie, Muskat und den geräucherten Speck vermengen, alles zusammenkneten.

Kartoffelsalat:
Kartoffeln bissfest kochen, schälen und noch heiß in feine Scheiben schneiden, das Ganze abkühlen lassen.

Senf, Essigessenz, Salz, Pfeffer, Speiseöl und heiße Fleischbrühe gut vermischen und über die Kartoffeln gießen, nicht umrühren. Abkühlen lassen und dann erst vermengen, damit die Kartoffelscheiben nicht zerfallen.

Salatgurke schälen, hobeln und mit wenig Salz, Zucker, Essig und Öl anmachen, 15 Minuten stehen lassen, danach den Saft ausdrücken und die Gurke unter den Kartoffelsalat mischen.

Für den Kartoffelsalat:

1 kg festkochende Kartoffeln, mit Schale

1 EL mittelscharfer Senf

1 EL Essigessenz

1 EL Salz

1 TL schwarzer Pfeffer

100 ml Speiseöl

300 ml heiße Fleischbrühe

1 Salatgurke

Für die Bratensoße:

1 Knoblauchzehe

1 Zwiebel

1 Karotte

1 Stange Lauch

½ Sellerieknolle

500 g Kleinfleisch oder Knochen vom Schwein oder Kalb

⅓ von einer Tube Tomatenmark (ca. 65–70 g)

500 ml Rotwein (trocken)

2 l Wasser

Salz

Pfeffer

Öl zum Anschwitzen

Bratensoße:
Knoblauchzehe, Zwiebel, Karotte, Lauch, Sellerieknolle, Kleinfleisch oder Knochen vom Schwein oder Kalb zusammen in einem Topf mit Öl anschwitzen, Tomatenmark hinzugeben, alles scharf anbraten, bis es schön braun wird, dann mit 250 ml Rotwein ablöschen und noch mal einreduzieren, anschließend mit dem restlichen Rotwein aufgießen. 2 Liter Wasser dazugeben, das Ganze etwa 1–2 Stunden köcheln lassen, mit Salz, Pfeffer und Muskat abschmecken.

Die schnellen Maultaschen:
Wasser zum Kochen bringen, salzen.

Den Teig auf einer leicht bemehlten Arbeitsfläche mit dem Nudelholz zu einer länglichen Platte von etwa 3 mm Dicke auswellen. Die Fleischmasse darauf verteilen, glatt streichen und die Teigplatte an den Schmalseiten sowie von oben und unten überlappend einschlagen, dann glatt streichen, um die enthaltene Luft herauszudrücken. In 6–7 cm breite Stücke schneiden und die Maultaschen in das kochende Salzwasser einlegen.

2. Variante, dauert ein klein wenig länger:
Den Teig auf einer leicht bemehlten Arbeitsfläche mit dem Nudelholz ca. 3 mm dick ausrollen, dann mit dem Messer oder einem Teigrädchen in ca. 15 x 6 cm große Rechtecke schneiden. Jeweils 1 Esslöffel der Füllung auf die untere Hälfte der Rechtecke setzen, leicht flach drücken, die Ränder frei lassen. Die obere Teighälfte darüberschlagen, glatt streichen, um die Luft entweichen zu lassen, und die Ränder fest zusammendrücken. Die Maultaschen in das kochende Salzwasser einlegen.

Nach etwa 5 Minuten, wenn die Maultaschen oben schwimmen, mit der Siebkelle herausschöpfen und in kaltem Wasser abschrecken oder sofort in eine Pfanne geben und in Butter anbraten.

Dazu reichen wir angebratene Zwiebel und etwas Bratensoße. Zusammen mit dem Kartoffelsalat anrichten.

»Ich bin ein Fan von Maria und Reinhold Tippel, den Wirtsleuten des Burgauer Binderwirts und ihrer schwäbischen Kochkunst! Die beiden sind seit 1969 verheiratet und haben 1971 die Traditionswirtschaft von Reinholds Vater übernommen – und meiner Meinung nach schmeckt man in ihren original schwäbischen Gerichten (manchmal stehen auch saure Kutteln auf der Speisekarte) mit heimischen Produkten auch ihre ›ewige‹ Liebe an, mit Liebe kochen sie sowieso.

Jeder, der hier herkommt, weiß auch genau warum: Weil ein Lokal mit verlässlicher, bodenständiger Küche selten geworden und etwas Besonderes ist.«

Willy Astor

»Schwäbischer Beitrag zur Herderwärmung!«

Maria und Reinhold Tippel

Das Gasthaus Zum Binderwirt ist seit 1933 in Familienbesitz und wird – inzwischen in der dritten Generation – von Reinhold und Maria Tippel geführt. Bayerische und schwäbische Küche, regionale Produkte. Davor war in dem Haus eine Fassbinderei, daher Name Binderwirt.

Reinhold Tippel ist wie schon sein Vater und Großvater Metzger und für das Fleisch und die Soßen (und die vielen Spätzle) zuständig. Maria Tippel besorgt den Einkauf, sie ist als Beiköchin für Gemüse und Salate verantwortlich und kocht auch noch für die Familie.

Daniele Cataldo

ORECCHIETTE AL POMODORO

Für 4 Personen

Für die Pasta:

360 g Farina Semola di Grano Duro

260 ml lauwarmes Wasser

1 gute Prise Salz

Sugo al Pomodoro:

2,5 kg frische reife Tomaten: San Marzano, Piccadilly oder eine andere Sorte

Olivenöl

Salz

Basilikum

Backpapier

Parmesan, reif

Orecchiette:

Das Hartweizenmehl auf der Arbeitsfläche aufhäufen und das Salz daraufstreuen. Nach und nach das warme Wasser einarbeiten und alles kräftig durchkneten.

Sobald der Teig glatt und glänzend ist, mit einem leicht feuchten Tuch abdecken und 10–20 Minuten ruhen lassen.

Nach der Ruhezeit kleine Stücke vom Teig abnehmen und mit beiden Händen von innen nach außen zu ca. 1–2 cm dünnen, gleichmäßigen Schlangen rollen.

Mit einem gezackten Messer etwa 1 cm dicke Stücke (»Kissen«) abschneiden und dabei den Teig mit etwas Druck über das Messer ziehen, sodass eine Scheibe entsteht. Diese Teigscheibe über den Daumen stülpen (dadurch ergibt sich die charakteristische Form), dann jedes »Öhrchen« einzeln mit der Rundung nach unten auf ein mit etwas Hartweizenmehl bestreutes Brett legen und mindestens 1 Stunde antrocknen lassen.

Im Pastatopf reichlich Wasser zum Kochen bringen, dann erst salzen.

Pasta vorsichtig hineingeben.

Etwa 2–4 Minuten kochen, je nach Größe der Orecchiette. Herausheben und ausgebreitet auskühlen lassen.

Sugo al Pomodoro (»Basis-Sugo«):
Tomaten der Länge nach halbieren, die Kerne herauskratzen, und zusammen mit der Flüssigkeit in einer Schüssel auffangen und beiseitestellen.

Anschließend die Tomaten noch mal halbieren, mit den Schnittflächen nach oben auf einem mit Backpapier ausgelegten Backblech verteilen und salzen.

Backofen auf 190° C (Ober-/Unterhitze, 170° C Umluft) vorheizen.

»Es ist immer gut und erfreulich, so ein Multitalent und besonderen Freund wie Daniele zu haben, einen Bruder im Geiste, der manchmal auf mich den Eindruck macht, er wäre derjenige, der die Welt tatsächlich retten kann, weil er scheinbar gleichzeitig überall und zugleich einer der hintergründigsten, frechsten und witzigsten Typen ist, die ich kenne. Gleichzeitig gibt er hier gleich mehrere Top-Tipps für mehrere Klassiker-Saucen!«

Willy Astor

Tomaten im Backrohr auf der Mittelschiene etwa 60 Minuten backen.

Zwischendurch 2–3 Mal die Ofentür öffnen, damit die Feuchtigkeit entweichen kann.

Sobald die Tomaten leicht karamellisiert sind, in eine Passiermühle (»Flotte Lotte«) mit grobem Sieb geben und direkt in den Kochtopf durchdrücken.

Die im Sieb zurückgebliebenen Schalen mit ca. 100–200 ml Wasser übergießen und noch einmal durchdrücken.

Die Tomatenmasse auf mittlerer Hitze etwa 30 Minuten köcheln lassen und nicht zu oft umrühren.

Die aufbewahrte Fruchtflüssigkeit und die Kerne der Tomaten hinzufügen und die Tomaten auf kleiner Hitze rund 30 Minuten ziehen lassen. Das verleiht dem Sugo eine leuchtende Farbe, und vor allem wird die durch das Karamellisieren beim Backen entstandene fruchtige Süße der Tomaten durch die frische Säure des »Kernwassers« abgerundet. Das ergibt ein spannendes Aromenspiel.

Den Sugo erst ganz zuletzt mit etwas Salz und Olivenöl abschmecken. So bekommt er einen leuchtenden Glanz und verströmt einen wunderbaren Duft.

Tipp:
Der Sugo lässt sich auch in größerer Menge zubereiten und als Basis für andere Saucenvarianten (siehe folgende Seite) verwenden. Wer den Basis-Sugo noch glatter und glänzender möchte, gibt den fertigen Sugo nochmals durch ein Feinsieb und lässt ihn 5-10 min bei mittlerer Hitze reduzieren. Parmesan fein reiben und ausgebreitet antrocknen lassen.

Anrichten:
In einer Hochrandpfanne zwei Drittel des Sugo erhitzen, die Pasta hineingleiten lassen, gut durchschwenken und ca. 2–3 Minuten köcheln lassen.

Auf heißen Tellern anrichten und den restlichen Sugo über die Pasta geben.

Parmesan darüberstreuen und mit zerzupften Basilikumblättern garnieren.

Eine Burrata oder eine Stracciatella di Bufala ergibt die perfekte Beilage dazu.

SUGO-VARIANTEN

Arrabbiata:

2 EL Olivenöl

1 Bund Petersilie, grob gehackt

5 Knoblauchzehen, abgezogen, der Länge nach in feine Scheiben geschnitten

200 g Piccadilly-Tomaten

2 rote Chilischoten, entkernt, in feine Ringe geschnitten

100 ml Gemüsebrühe

300 ml Basis-Sugo

Arrabbiata:

Olivenöl in einer Hochrandpfanne erhitzen, Petersilie darin anrösten, herausnehmen und zur Seite stellen.

Im selben Öl den Knoblauch bei mittlerer Hitze durchschwenken und zu der krossen Petersilie geben.

Piccadilly-Tomaten halbieren und scharf anbraten.
Chili nach Geschmack hinzugeben.
Mit wenig Gemüsebrühe ablöschen.

Petersilie und Knoblauch hineingeben, den Basis-Sugo einrühren und die Arrabbiata-Sauce etwa 20 Minuten köcheln lassen.

Amatriciana:

150 g Pancetta, in grobe Stücke geschnitten

50 g Guanciale, in grobe Stücke geschnitten

2 mittelgroße rote Zwiebeln (nicht original), in Viertelringe geschnitten

100 ml Weißwein (trocken, original) oder Gemüsebrühe

300 ml Basis-Sugo

80 g Pecorino, gerieben und angetrocknet

Petersilie oder Basilikum

Schwarzer Pfeffer aus der Mühle

Amatriciana:

Pancetta und Guanciale ohne Öl bei mittlerer Hitze in einer beschichteten Pfanne anbraten. Sobald sie leicht gebräunt sind, mitsamt dem Fett herausschöpfen und zur Seite stellen.

Zwiebelringe zunächst ohne Öl in derselben Pfanne anbraten, dann etwas von dem Speck-Fett dazugeben und die Zwiebeln 5 Minuten goldgelb anschwitzen.

Pancetta und Guanciale hinzufügen und bei Bedarf mit etwas Weißwein oder Brühe ablöschen.

Anschließend den Basis-Sugo einrühren und die Amatriciana-Sauce rund 20 Minuten köcheln lassen.

Den geriebenen Pecorino separat zur Pasta servieren.

Mit Petersilie oder Basilikum garnieren und mit grobem schwarzem Pfeffer würzen.

»Puglia/Italien: Zio Onofrio, mein Onkel, fährt morgens mit einer alten Holzkiste in die Campagna und erntet alles Obst und Gemüse, das gerade reif ist. Die unförmigen Zucchini, Auberginen, Tomaten und Bohnen würde in einem deutschen Supermarkt kein Mensch kaufen.

Doch eine sonnengereifte, frisch gepflückte unförmige Tomate hat geschmacklich nichts mit diesen geschminkten Supermarkt-Models zu tun. Etwas Burrata oder Stracciatella dazu, zerzupftes Basilikum – finito.

In meiner Kindheit verbrachten wir alle Urlaube in Italien, und das Highlight war immer die hausgemachte Pasta von Zia Maria, meiner Tante. Sie produzierte die kleinen Ohrwascheln (Orecchiette) wie am Fließband.

Ich vermute, dass sie uns Kinder damit satt bekommen wollte, damit wir uns nicht über die bescheidenen Fleischbestände hermachten. Das stimmte auch. Doch mir war das sehr recht, denn für mich waren die Orecchiette der Höhepunkt des Tages, und ich erinnere mich noch genau an ihren unvergleichlichen Geschmack.

Bei meinen ersten eigenen Versuchen, sie herzustellen, merkte ich, wie viel Arbeit diese Pasta macht und dass sie eine echte Herausforderung ist. Mit handgemachter Pasta al Sugo di Pomodoro verbinde ich kulinarisches Handwerk, Geselligkeit und eine Explosion aus Aromen und Düften. Es sind nur sehr wenige Zutaten, aber der Kreativität sind keine Grenzen gesetzt. Beim Sugo muss man sich nicht an die Tomatensorten oder Mengenangaben halten, man kann sich ausprobieren und seinen eigenen Geschmack entdecken.

Für viele Menschen ist ein Pastagericht ein schneller, unkomplizierter Hauptgang, doch in Italien ist es das ›Primo Piatto‹, also der erste Gang, und wird meist als eine kleinere Portion serviert.«

Daniele Cataldo

Daniele Cataldo ist in München geboren und mitten zwischen den Kochtöpfen des väterlichen Restaurants »Botticelli« in einem kulinarisch italienisch geprägten Umfeld aufgewachsen. Er begann seine Ausbildung in der Hotellerie, anschließend folgten prägende Jahre in der Gastronomie von Charles Schumann.

Große internationale Veranstaltungen und Freude an Kreativität weckten sein Interesse an der Entwicklung, Planung und Gestaltung von Gastronomie. Im Zuge spannender und anspruchsvoller Beratungsprojekte in Deutschland, Italien und Kroatien hat sich Daniele in das Gebiet der Architektur eingearbeitet und entwickelt seitdem mit international tätigen Architekten Gebäudekonzepte für Hotels, Ferienhäuser und Privatobjekte.

Der Kreis schließt sich mit Danieles Herzensprojekt, einer Farm auf Mallorca, die ihre Gäste komplett mit selbst erzeugten landwirtschaftlichen Produkten versorgen kann. Es werden Getreide, Obst & Gemüse angebaut, Wein produziert, Öl gepresst und Brot gebacken, zugleich laufen hier auch Lämmer, Schweine und Rinder frei herum. Die Produkte sind natürlich und unverfälscht und haben auch nur ein paar Meter Weg bis in die nächste Küche.

Eckart Witzigmann

SECHSKORN-PFLANZERL

Für 4 Personen

1 EL Pflanzenöl

120 g Sechskorn-Frischkorn-Müsli oder Sechskornschrot (aus Weizenkleie, Sprießkornroggen, Sprießkorngerste, Haferflocken, Buchweizen, Hirse)

300 ml Gemüsebrühe

10 g Butter

½ rote Spitzpaprika (50 g)

3 Frühlingszwiebeln (50 g)

4 EL Rapsöl

1–2 kleine Knoblauchzehen, fein gehackt

1 Kräuterseitling (ca. 90 g), klein gehackt

1 Spritzer Zitronensaft

1–2 EL frische glatte Petersilienblätter, klein gehackt

100 g Quark (halbfett)

1 Ei (Gr. M)

60 g Gruyère oder Parmesan, gerieben

½ EL mittelscharfer Senf

2 Prisen Majoran

Salz

Schwarzer Pfeffer aus der Mühle

Cayennepfeffer

1 Msp. Harissa-Gewürzmischung

1 Msp. Mumbai-Curry

Das Rezept ist entstanden, weil Eckart Witzigmann von einem Magazin um ein Picknickrezept gebeten wurde. Zum Picknicken eignen sich seine Sechskorn-Pflanzerl hervorragend. Mal was anderes als seine berühmten Fleischpflanzerl.

Den 1 EL Pflanzenöl in einer Pfanne (24 cm Durchmesser) erhitzen und den Getreideschrot oder die Müsliflocken (Sechskornmüsli nennt sich u. a. im Reformhaus Grütze) darin bei mittlerer Hitze etwa 4 Minuten anrösten. Nach und nach die Brühe dazugießen und alles kräftig umrühren. Das Getreide rund 10 Minuten quellen, dann in einer Schüssel auskühlen lassen.

Inzwischen die Paprika waschen, putzen, entkernen und in kleinste Würfel schneiden.

Die Zwiebeln putzen, waschen, in feine Ringe schneiden und mit 10 g Butter – ohne Farbe zu geben – anschwitzen, die Kräuterseitlingwürfel zugeben, darin dünsten, mit einem Spritzer Zitronensaft beträufeln, dann Paprika und Knoblauch, zum Schluss die Petersilie beigeben. Abkühlen lassen.

Getreide, Quark, Ei, geriebenen Käse und Senf verrühren. Die Masse mit Majoran, Salz, Pfeffer, Cayennepfeffer, Harissa und Curry würzen. Aus der Getreidemasse Pflanzerl formen.

Das Rapsöl in einer großen Pfanne erhitzen und die Getreidepflanzerl darin von beiden Seiten langsam in insgesamt etwa 12 Minuten goldbraun braten. Oder im vorgeheizten Ofen bei 165° C Ober-/Unterhitze fertig garen.

»Curry Elyson, er ist in echt witzig, Mann!«

BLUMENKOHL IN CURRY-KOKOSNUSS-SAUCE

Für 4 bis 6 Personen

Für den Blumenkohl:

1 Blumenkohl (etwa 1400 g)

Zitronenwasser (Saft von 1 Zitrone mit 1,5 l Wasser vermischen)

6 EL Erdnussöl

200 g kleine Champignons, geputzt

100 g weiße Teile von Frühlingszwiebeln, geputzt, längs halbiert

Salz

Pfeffer aus der Mühle

1 TL Koriandersamen, im Mörser zerstoßen

1 EL Madras-Currypulver mild

1½ TL rote thailändische Currypaste

2 TL Puderzucker

3 EL Chiliketchup (gibt's im Asialaden)

150 ml Gemüsefond

4 braune Würfelzuckerstücke

400 ml Kokosmilch

1 dünne Bio-Limettenscheibe (von der Deko)

Für die Dekoration:

1 rote Chilischote, entkernt und in Ringe geschnitten

1 Bio-Limette, in dünne Scheiben geschnitten

Korianderblättchen, zerzupft

Blumenkohl mit Butterbröseln und Ei. Ein Gericht, das seine Mutter oft gekocht hat, Eckart hat es schon als Kind geliebt. Sein Blumenkohlrezept mit Curry und Kokosmilch ist auf einer Indienreise in den 1980er-Jahren entstanden, die er mit französischen Kollegen unternommen hat.

Stielansatz des Blumenkohls herausschneiden und den Kopf in Röschen zerteilen (850 g sollen übrigbleiben). Bis zur weiteren Verarbeitung in das Zitronenwasser legen, damit die Röschen weiß bleiben.

Die gut abgetropften Röschen in 4 EL Erdnussöl von allen Seiten anbraten. Champignons und Frühlingszwiebeln in den restlichen 2 EL Öl anbraten. Salzen, pfeffern und zum Blumenkohl geben.

Zerstoßenen Koriander mit dem Madras-Currypulver mischen, zum Gemüse geben. Rote Currypaste mit Puderzucker bestäuben, vermengen und unter den Blumenkohl rühren.

Chiliketchup und Gemüsefond zufügen, etwa 10–12 Minuten köcheln lassen. Der Fond sollte fast ganz eingekocht sein.

Würfelzucker, Kokosmilch und Limettenscheibe hinzufügen.

Hitze reduzieren und unter häufigem Rühren 15 Minuten köcheln lassen. Abschmecken.

Zum Anrichten das Gemüse auf Teller verteilen, mit Chiliringen, Limettenscheiben und Koriandergrün verzieren.

CALVADOS-APFEL-PFANNKUCHEN

Für 4 Personen
100 g Butter
180 ml Milch
4 Eigelb (80 g)
10 g Vanillezucker
150 g Mehl, gesiebt
4 Äpfel
10 ml Calvados
4–5 Tropfen Zitronensaft
30 g Puderzucker (zusätzlich Puderzucker zum Bestäuben)
4 Eiweiß (120 g)
1 Prise Salz
50 g Zucker
20 g Butterschmalz
60 g Butter
80 ml Calvados

Diese Version des Apfelschmarrns entstand auf einer Reise in die Normandie, in einem Restaurant in Honfleur.

Die 100 g Butter in einer kleinen Kasserolle bei mittlerer Hitze so lange kochen, bis sie hellbraun wird und einen leichten Nussgeschmack bekommt. Dann durch ein feines Sieb oder einen Kaffeefilter abgießen. So erhält man 80 g Nussbutter.

Milch, Eigelb, Vanillezucker, das gesiebte Mehl und die Nussbutter in einer Schüssel mit dem Handmixer kräftig durcharbeiten, bis ein homogener Teig entstanden ist. Den Teig 1 Stunde stehen lassen.

In der Zwischenzeit die Äpfel schälen, Kerngehäuse ausstechen und die Äpfel in dünne Scheiben schneiden. Mit 10 ml Calvados, Zitronensaft und Puderzucker marinieren.

Backofen auf 200° C Ober-/Unterhitze vorheizen.

Eiweiß mit der Prise Salz und 30 g Zucker zu einem cremigen, festen Schnee aufschlagen. Davon ein Drittel abnehmen und unter den Teig ziehen. Dann den restlichen Eischnee vorsichtig unterheben.

Butterschmalz in einer Portionspfanne erhitzen. Nacheinander 4 Pfannkuchen backen. Dafür jeweils 10 g frische Butter am Rand zugeben und unter den Teig laufen lassen. Apfelscheiben leicht mit Küchenkrepp abtupfen und gleichmäßig auf dem Teig verteilen.

Die Pfanne jeweils kurz in den heißen Ofen schieben, bis der Teig unten fest geworden ist. Dann mit einer Palette vorsichtig wenden.

Nun je 5 g Zucker und 5 g Butter am Pfannenrand verteilen und die Pfanne gleichmäßig kreisend auf der Herdplatte bewegen. So wird der Zucker gut verteilt, und die Apfelscheiben erhalten eine schöne Karamellfarbe.

Die Pfannkuchen erneut umdrehen und weitere 5 g Zucker und 5 g Butter sowie jeweils 20 ml Calvados zugeben. Mit einem Streichholz den Alkohol entflammen und den Pfannkuchen flambieren. Dabei ständig die Pfanne bewegen.

Pfannkuchen sofort auf einen Teller geben und mit Puderzucker bestäuben.

Dazu einen jungen aromatischen Calvados servieren!

Tipp:
Zu diesem Dessert schmeckt auch ein Eis nach Wahl, etwa Zimt- oder Vanilleeis.

Eckart Witzigmann

Der Österreicher Eckart Witzigmann, 1941 geboren, aufgewachsen in Bad Gastein, wurde von den besten Köchen ausgebildet, von Paul Bocuse, Paul Simon, Roger Vergé, den Brüdern Troisgros und Paul Haeberlin, die sein außergewöhnliches Talent erkannt und seine beeindruckende Karriere unterstützt haben.

13 Jahre lang sammelte er Erfahrungen in renommierten Restaurants überall auf der Welt. 1971 erregte er als Küchenchef des Münchner Restaurants »Tantris«, für das er zwei Sterne erkochte, international Aufsehen. 1978 eröffnete Witzigmann sein eigenes Lokal, das legendäre »Aubergine«. Gourmets aus aller Welt pilgerten in die bayerische Landeshauptstadt, um die kreative Kochkunst von Eckart Witzigmann zu genießen.

1979 erhielt die »Aubergine« als erstes Restaurant im deutschsprachigen Raum – und Eckart Witzigmann als einer der ersten drei Köche der Welt außerhalb Frankreichs – die begehrten drei Michelin-Sterne, eine Auszeichnung, die ihm bis 1993 jedes Jahr verliehen wurde. 1994 wurde er vom »Gault & Millau« zum »Koch des Jahrhunderts« gekürt, die höchste Auszeichnung der Kochwelt, die vor ihm nur Paul Bocuse, Joël Robuchon und Frédy Girardet erhielten.

Parallel dazu begann er eine Karriere als Berater. Er konzipierte ein Restaurant und eine Kochschule auf Mallorca, für die japanische Juchheim-Gruppe eröffnete er ein Restaurant in Tokio. Und zusammen Dietrich Mateschitz, dem Gründer von Red Bull, hat er 2003 das Konzept für das Restaurant »Ikarus – Hangar 7« am Salzburger Flughafen entwickelt, in dem monatlich wechselnd die kreativsten und besten Küchenchefs aus aller Welt kochen.

Das »Hangar-7« gilt inzwischen als *das* innovative Restaurantkonzept. 2002 startete er in Spiegelzelten aus der Jahrhundertwende eine vierstündige Show mit den besten Artisten der Welt in Kombination mit einem viergängigen Menü – ein Programm, das vom Publikum begeistert angenommen wurde.

Von 2004 bis 2021 wurde der »Internationale Eckart Witzigmann Preis«, der ›ECKART‹ für besonders herausragende Verdienste um die Kochkunst, die Esskultur und den verantwortungsvollen Umgang mit Ressourcen verliehen. Zu den Preisträgern gehörten Daniel Boulud, HRH Charles Prince of Wales, Dieter Kosslick, Ferran Adrià, Marc Haeberlin, Joël Robuchon und viele andere.

Die schwedische Universität Örebro, die einzige staatliche Gastronomie-Universität Europas, ernannte Eckart Witzigmann 2007 zum Professor und Doktor ehrenhalber.

Karl Ederer

SCHWARZWURZELN MIT KARTOFFELN UND GRAUPEN

Für 4 Personen

400 g Schwarzwurzeln

4 mittlere Bio-Kartoffeln (à 80–100 g, z. B. Linda)

100 g Butter

1 kleines Bund Petersilie

1 kleine Zwiebel

4 EL (ca. 60 g) Perlgraupen (waschen nicht nötig)

100 ml trockener Weißwein

2 EL Semmelbrösel

100 ml flüssige Sahne

Etwas Weißweinessig

Etwas Zitronensaft für die Schwarzwurzeln

»Wenn Schwarzwurzeln gut zubereitet sind, ist das genauso schön, wie wenn man mit einer Tuba die Leut' zum Tanzen bringt!«

Vorbereitung:
Die Kartoffeln gut waschen und in Salzwasser weich kochen.

Die Schwarzwurzeln in Wasser waschen und dann schälen, in das Wasser etwas Zitronensaft gießen, damit sie nicht braun werden.

Die Hälfte der Butter in eine kleine Schüssel geben und weich werden lassen. Die Petersilie zerzupfen, waschen und fein schneiden.

Zubereitung:
Die Schwarzwurzeln schräg in halbzentimeterdicke Scheibchen schneiden, die Zwiebel schälen und fein schneiden. Die Hälfte der restlichen Butter in einer Pfanne erhitzen.

Die Zwiebeln und die Schwarzwurzeln hineingeben, salzen und pfeffern. Nicht zu heiß leicht glasieren, dann die Graupen hinzufügen, alles gut vermischen, mit Wasser und etwas Weißwein bis knapp bedeckt aufgießen. Zugedeckt 15–20 Minuten langsam köcheln.

Die weiche Butter leicht schaumig rühren, salzen und pfeffern, Semmelbrösel und Petersilie unterrühren. Die gekochten Kartoffeln schälen und halbieren, mit der Schnittfläche nach oben in eine Pfanne legen und mit der Gratiniermasse (Butter und Brösel) bestreichen. Dann im Ofen bei Oberhitze (d. h. mit der Grillfunktion, also über 200° C) 3–5 Minuten schön braun überbacken.

An die Schwarzwurzel-Graupen-Mischung die Sahne geben und weiter einkochen. Die Graupen sollen weich sein und die Wurzeln noch einen leichten Biss haben. Die Sauce schön cremig rühren, zum Schluss mit der restlichen Butter und ein paar Tropfen Weißweinessig nachschmecken. Das Ragout auf warme Teller schön verteilen, die gratinierten Kartoffeln darumherum setzen und servieren.

Das ist ein Wurzelrezept mit guten saisonalen und regionalen Wurzeln!

Tipp:
Dieses Rezept kann man auch mit Spargel zubereiten. Er sollte aber dicker geschnitten werden, da er schneller gar wird als die Schwarzwurzeln. Die Graupen passen gut dazu, die Petersilie kann man auch durch Kerbel ersetzen.

»Die Kombination aus Graupen, Kartoffeln und Schwarzwurzeln ist eine Wucht! Man wird schnell zur Graupe Nimmersatt.«

Karl Ederer

Karl Ederer, geb. 1955 in Sattelbogen, wurde auf dem Bauernhof seiner Eltern groß.

Seine Ausbildung zum Koch machte er in München und fing 1975 bei Eckart Witzigmann im »Tantris« als Commis de cuisine an. Weitere Stationen waren das Restaurant »Bruderholz« in Basel und das Fischrestaurant »Le Duc« in Paris. Danach arbeitete er bei Bernard Loiseau in Saulieu und bei Alain Senderens in Paris.

1980 kehrte Karl Ederer als Sous-Chef nach München in Eckart Witzigmanns Drei-Sterne-Restaurant »Aubergine« zurück. 1983 eröffnete er sein »Glockenbach«, das den Beginn der feinen regionalen Küche in München markierte und mit einem Michelin-Stern ausgezeichnet wurde. 1992 kam das Bio-Restaurant »Schweinsbräu« in den Herrmannsdorfer Landwerkstätten dazu.

Seit Mai 2019 gibt es in der Münchner Lindwurmstraße sein neues Restaurant »EDERER«, in dem er, wie er selbst sagt, traditionelle und klassische Gerichte neu interpretiert.

Ellen Kleiber

LAMMSCHMORTOPF

Für 4 bis 6 Personen

600 g Lammschulter (es geht auch Rinderschulter oder Schweinehals oder alle drei gemischt, auch lecker)

Salz

Pfeffer

Öl zum Anbraten

2 Zwiebeln, gewürfelt

100 g Speck, gewürfelt oder in Streifen

200 g Oliven grün und/oder schwarz, entsteint

3 Knoblauchzehen, abgezogen, in Scheibchen geschnitten

600 ml Rotwein (was gerade da ist …)

100 ml Wasser

6 EL Rosinen oder Cranberrys

1 TL Zucker

250 g Champignons, geputzt, geviertelt

Butter zum Pilze-Anbraten

2 TL Tomatenmark

1 EL grüner Pfeffer aus dem Glas

6 EL Cognac

6 EL Sahne

»Aus Einfachem was Besonderes entstehen lassen, darin liegt die eigentliche Magie.«

Fleisch in etwa 3 x 3 cm große Würfel schneiden (oder schneiden lassen), ordentlich salzen, pfeffern und mit Öl in einem Schmortopf scharf anbraten. Zwiebel und Speck hineingeben, langsam weiterbraten.

Dann Oliven und Knoblauch dazugeben und mit 500 ml Rotwein und dem Wasser ablöschen.

Nun dürfen auch die Rosinen (oder Cranberrys) und 1 TL Zucker hinein, alles etwa 60 Minuten bei mittlerer Hitze schön vor sich hinschmurgeln lassen. Zwischendurch umrühren.

In der Zwischenzeit die Champignons in der Butter anbraten. Wenn sie fast durch sind, das Tomatenmark dazugeben, auch kurz mitköcheln lassen, dann mit einem guten Schuss Rotwein ablöschen und alles miteinander verrühren. Beiseitestellen.

Ist das Fleisch weich und der Fond schon eingekocht, grünen Pfeffer, Cognac und Sahne hinzufügen.

Zum guten Schluss das Champignons-Tomaten-Rotwein-Trio dazugeben, alles noch einmal kurz aufkochen lassen und mit Salz und Pfeffer würzen.

Vegetarische Variante: Alles Fleischige weglassen und stattdessen insgesamt 600 g geviertelte Champignons verwenden. Das Tomatenmark dann einfach mit dem Rotwein hineingeben.

BREZEN-BRIOCHE-KNÖDEL

Für ca. 30 Knödelscheiben

2 Zwiebeln, fein gewürfelt

2 EL Butter

1 kg altbackene Brezen oder Semmeln, in kleine Stücke (Würfel) geschnitten

1 kg Brioches oder Hefezopf (ohne Rosinen!), in Würfel geschnitten

1 l Milch

¼ Muskatnuss

Salz

Pfeffer

1 Bund Petersilie, mit den Stielen, fein geschnitten

Die Zwiebeln in der Butter glasig anbraten, dann die Brezen- und Briochewürfel dazugeben, die Milch angießen und alles gut vermengen.

Die Viertel-Muskatnuss reinreiben und die Masse mit Salz und Pfeffer ordentlich würzen. Dann die Petersilie untermengen.

Das Ganze soll eine stabile, feste, klebrige Masse ergeben, ist sie zu weich, noch etwas Semmelbrösel hinzufügen. Ist sie zu trocken, noch etwas Milch dazu.

Auf der Arbeitsfläche von links nach rechts oder andersherum 80 cm Frischhaltefolie ausrollen und abschneiden. Jetzt ein Drittel der Teigmasse auf das untere Drittel der Folie geben, an den Rändern je gut 5 cm frei lassen und die Masse möglichst fest einrollen – wie ein Bonbon –, es sollte kaum Luft in der Masse sein. Den ganzen Teig so verarbeiten, je nach Teigmenge ergeben sich daraus 2 bis 3 Rollen. Rund 3 Stunden im Kühlschrank durchkühlen lassen, dann auswickeln, in Scheiben schneiden und in Fett langsam knusprig herausbraten.

Die Knödelscheiben passen zu allen Gerichten mit Saucen, schmecken aber auch lecker zu einem schönen Salat.

Tipp:
Die Knödelrollen kann man auch gut zwei, drei Tage vor Gebrauch zubereiten und sogar einfrieren und bei späterer Gelegenheit verwenden. Dann hat man länger was von der Liebesmühe!

ORANGEN-CREME BRÛLÉE

Für 8 Personen

2 kleine, komplette Bio-Orangen

500 g Sahne

6 Eier (Gr. M)

150 g Zucker

10 TL brauner Zucker

Die Bio-Orangen etwa 1 Stunde in genügend Wasser weich kochen, abkühlen lassen, Kerne entfernen, in grobe Stücke schneiden, fein pürieren. Sahne und Eier verquirlen, den Zucker hineingeben, die Orangenmasse unterrühren.

Backofen auf 120° C Ober-/Unterhitze (Umluft 100° C) vorheizen, feuerfeste Förmchen auf ein Backblech stellen, Orangen-Masse einfüllen, in den Ofen schieben (Mittelschiene) und nun das Backblech vorsichtig mit heißem Wasser befüllen, so, dass die Förmchen mindestens bis zur Hälfte im Wasser stehen. Jetzt etwa 70 Minuten geduldig abwarten und Tee trinken.

Nach dieser Zeit sollte die Creme gestockt sein, aber noch etwas weich. Die Förmchen aus dem Ofen nehmen, abkühlen lassen und dann mindestens 2 Stunden in den Kühlschrank stellen.

Vor dem Servieren die Creme mit je 1–2 TL braunem Zucker bestreuen und mit dem Bunsenbrenner abflämmen.
(Sie schmeckt natürlich auch ohne das Feuer-Werk.)

»Eigentlich war ich dabei, einen Orangen-Mandelkuchen zu backen, aber irgendwie hatte ich zu viele Orangen gekocht und hab dann kurzerhand den Orangenbaaz in die Creme-Brûlée-Masse geworfen – so erfindet man schnell ein neues Lieblingsdessert …«

CORNFLAKES-PANNA COTTA

Für 4 bis 6 Personen

Für die Cornflakes-Panna Cotta:

1 l Milch

500 ml Sahne

300 g Gezuckerte Cornflakes (evtl. ein paar extra für die Deko)

6 Blatt Gelatine (ich mag es, wenn die Panna Cotta nicht so fest ist, wer sie stürzen möchte und sie fest mag, der nehme 8 Blatt) oder 1 TL Agar Agar

1 Prise Salz

200 g Macadamianusskerne, grob gehackt, als Garnitur

Für die Salted Caramel Sauce:

(ergibt etwa 500 ml)

100 g Zucker

1 TL Salz (am besten Fleur de Sel)

600 g Sahne

Hält im Kühlschrank bis zu 2 Wochen, wenn man sie in saubere Flaschen füllt.

Panna Cotta:
Milch und Sahne in einem großen Topf erwärmen, dann die Cornflakes mit dazu reingeben und etwa 1 Stunde ziehen lassen.

Gelatine in etwas kaltem Wasser einweichen.

Anschließend die Cornflakes-Milch-Sahne-Mischung durch ein Sieb in einen Topf abgießen. Dabei die Cornflakes ein bisschen ausquetschen. Die übrig gebliebene Cornflakes-Masse braucht ihr dann nicht mehr – also entweder aufessen oder weg damit.

Die Milch-Sahne-Mischung nun langsam aufkochen, die Gelatine hineingeben und bei schwacher Hitze für knapp 5 Minuten unter ständigem Rühren leise köcheln lassen (bei Agar Agar nach Anleitung verfahren). 1 Prise Salz dazugeben.

Jetzt die Milch-Sahne auf 4 bis 6 Gläser verteilen, erst draußen und später dann im Kühlschrank stocken lassen – am besten über Nacht.

Zum Anrichten die Cornflakes-Panna Cotta mit Salted Caramel Sauce begießen und mit gezuckerten Cornflakes bestreuen. Je nachdem, wie ihr es lieber mögt, nehmt mehr oder weniger Cornflakes dazu. Zum Schluss mit gehackten Macadamianüssen garnieren. Servieren.

Salted Caramel Sauce:
Wenn möglich, den Zucker in einem Topf bei mittlerer Hitze karamellisieren lassen, ohne dass er verbrennt. Zucker erst umrühren, wenn er zu schmelzen beginnt, sonst gibt es Klumpen. Wenn er braun, aber nicht verbrannt ist und karamellig duftet, Salz und Sahne zugeben (Achtung: Es dampft und spritzt!), ohne Deckel bei mittlerer Hitze 10–15 Minuten unter gelegentlichem Rühren einkochen lassen.

»Dein Lamm schmort gern für dich, juhee –
und deine Creme ist ein Brüllee!«

Ellen Kleiber

Kochen und ein Restaurant führen war mir in die Wiege gelegt. Als Vierjährige kochte ich am Strand der Insel Borkum aus Schalen von Steckmuscheln mein erstes Fantasiemenü und nervte meine Eltern und ihre Freunde beim Abendessen mit Menüvorschlägen. Duldete kein Kaffeekränzchen meiner Mutter ohne gemalte Speisekarte. Die Tische mussten dekoriert und gestaltet werden! Überall und ständig erschuf ich Cafés und Restaurants, verkaufte Sandkuchen mit Steinewasser auf dem Kinderspielplatz.

Alles drehte sich in meiner Kindheit um Dekorieren, Kochen und Restaurant.

Als junge Frau arbeitete ich als Kindermädchen – und fand mich wie von selbst in der Küche am Herd wieder. Aus dem Kochen für die »gehüteten« Kinder wurden Caterings für Bekannte und Geschäftsfreunde der Familie. Als alleinerziehende Mutter zweier Kinder trug mich das Kochen für andere durch Lebenskrisen und half mir, zu mir selber zu finden. In Heidenheim auf der schwäbischen Ostalb stieß ich auf eine herrenlose Weinstube – und entwickelte daraus mein heutiges Restaurant »Wacholder«. In ihm lebe ich alles aus, was mir Küche bedeutet. Bodenständigkeit und Fantasie in den Rezepten, überraschende Kreationen und Styling, wilde Küche in einer ganz eigenen Mischung aus Zauber und Gaumenfreude. Das ist mein »Rezept«, und bisher sind meine Gäste jeden Abend aufs Neue verzaubert.

Inzwischen bin ich auch im Namen des guten Geschmacks unterwegs. Man darf den Zauber ja nicht der Ostalb vorbehalten. Ich entwerfe Events mit einem Motto, zum Beispiel »Tage mit Goldrand«, »Unter der Oberfläche« oder »UtopiJA« etc. Koche mal für vier Personen, mal für 400. Die Menschen wundern sich gerne. Sie wollen die Köpfe verdreht bekommen. Die Welt mal anders sehen. Menüs rückwärts serviert haben. So was. Ein Funkeln im Alltag.

Meine Rezepte müssen praktisch und einfach zu kochen sein. Es dürfen sich nur wenig Utensilien im Spülbecken ansammeln, sonst hab ich schon keine Lust mehr.

Martina Schwarzmann

AUFDRAHTE WIXPFEIFERL MIT APFELMUS

Für 4 Personen

1 kg mehlige Kartoffeln

125 g Weizenmehl

20 g Speisestärke

1 Ei

Salz

Muskatnuss, frisch gerieben

Butterschmalz zum Ausbacken

Für den ***Kartoffelteig*** werden die Kartoffeln erst geschält, dann gekocht und durch eine Presse gedrückt.

Danach lässt man die Kartoffelmasse auskühlen.

Anschließend gibt man die restlichen Zutaten dazu und verknetet das Ganze zu einem geschmeidigen Teig.

Aus diesem Teig sticht man jeweils eine löffelgroße Menge ab, rollt das Teigbatzerl mit der Hand auf einem Brett hin und her zu ungefähr fingergroßen Nudeln.

Wem das zu blöd ist, der kann auch Herzerl, Nockerl oder Pflanzerl formen.

Diese werden dann in einer Pfanne mit Butterschmalz von allen Seiten goldbraun ausgebacken – und fertig.

Dazu gibt es Apfelmus und/oder Zimtzucker.

Für das ***Apfelmus*** koche ich 1 kg entkernte Äpfel mit der Schale (das gibt eine schöne rosa Farbe) und ca. 100 ml Wasser so lange, bis die Äpfel weich sind. Anschließend pürier ich das Ganze mit dem Stabmixer.

Martina Schwarzmann

Martina Schwarzmann, geb. 1979 in Fürstenfeldbruck, lebt heute mit ihrem Mann und den vier Kindern in Altomünster. Sie wäre gerne Schreinerin geworden, aber sie hat keine Schreinerei mit Damentoilette gefunden, bei der sie eine Lehre hätte machen können. Immerhin besitzt sie eine Bandsäge. Aber sie pflanzt sowieso lieber Bäume und liegt mit ihren Kindern im Bett, um ihnen vorzulesen.

In ihrer Freizeit fährt sie gerne Rad und ratscht mit Rentnern, denen langweilig ist.

Ach ja – sie ist auch eine bekannte Kabarettistin.

»Aufdrahte Wixpfeiferl: Dieses Gericht gibt es bei uns, weil die Oma, wenn sie von den Kindern zum fünften Mal gefragt wurde, was es denn heute zum Essen gibt, nur noch geantwortet hat: ›Drahte Wixpfeiferl‹. Das war als Scherz gemeint.

Jetzt wollten die Kinder irgendwann wissen, was denn ›Drahte Wixpfeiferl‹ sind.

Weil wir kein genaues Rezept gefunden haben, kochen wir sie jetzt so, wie wir uns vorstellen, dass sie sein sollen.

Wir sagen auch nicht ›drahte‹ sondern ›aufdrahte Wixpfeiferl‹ dazu, weil die Kinder immer so aufgedreht sind, wenn es dieses Essen gibt.

Es ist ein günstiges und klimafreundliches Gericht, denn Kartoffeln und Äpfel habe ich das halbe Jahr aus eigener Ernte im Keller und schmecken tut's auch.

Was will man mehr?«

Christa Malke

TANTE MARTHAS BISKUITROULADE

Für 8 Personen

Für den Biskuitteig:

4 Eier (Größe M)

125 g Zucker

125 g Mehl

½ TL Backpulver

Backpapier

Zucker zum Bestreuen des Geschirrtuchs

Puderzucker zum Bestäuben

Für die Füllung:

300 g Erdbeeren

250 g Schlagsahne

1 Pck. Sahnesteif

50 g Zucker

250 g Magerquark

2 Btl. Gelatine fix (oder eine pflanzliche Alternative, z. B. Agar Agar)

1 Pck. Vanillezucker

½ Bio-Zitrone, Schalenabrieb

Ein paar frische Minzeblättchen, fein gehackt

Biskuit:

Eier mit Zucker mindestens 1 Minute lang schaumig schlagen. Mehl mit Backpulver dazugeben und vorsichtig per Hand unterrühren. Backblech mit Backpapier auslegen, Masse darauf ausstreichen.

Bei 200° C Ober-/Unterhitze etwa 10 Minuten backen (keine Umluft, der Teig fällt sonst zusammen).

Zucker auf ein Geschirrtuch streuen und den fertigen Biskuitkuchen mit dem Backpapier nach oben darauf stürzen. Etwas abkühlen lassen. Mit einem feuchten Küchenschwamm leicht über das Backpapier streichen (es löst sich dann gut) und abziehen. Die Biskuitplatte sofort in das Geschirrtuch einrollen und darin vollends auskühlen lassen.

Tipp:

Die Biskuitplatte lässt sich so sehr gut auch bereits am Vortag herstellen und eingerollt bis zum Befüllen aufheben.

Füllung:

Die Hälfte der Erdbeeren kurz pürieren, die andere Hälfte in Scheiben schneiden, vorher einige Erdbeeren als Garnitur beiseitelegen.

Sahne mit dem Sahnesteif und 1 TL Zucker steif schlagen. Quark mit dem Gelatine fix (oder der pflanzlichen Alternative, falls verwendet) mindestens 1 Minute lang gut verrühren. Vanillezucker, Zucker, Zitronenabrieb und nach Belieben gehackte Minzeblättchen dazugeben. Pürierte Erdbeeren und steif geschlagene Sahne unterheben. Masse für etwa 30 Minuten in den Kühlschrank stellen.

Fertigstellung:
Biskuitplatte glatt auslegen, Erdbeer-Sahne-Masse aufstreichen, an der Seite rund 1 cm frei lassen. Die klein geschnittenen Erdbeeren auf der Masse verteilen. Teigplatte von der langen Seite her mit leichtem Druck aufrollen, auf eine Kuchenplatte geben und etwa 2 Stunden kalt stellen.

Vor dem Servieren mit Puderzucker bestreuen, mit den zurückbehaltenen Erdbeeren und ein paar Minzeblättchen verzieren.

ALLGÄUER KRAUTKRAPFEN

Für 4 Personen

Für das Kraut:

750 g Sauerkraut

1 Zwiebel, geschält, fein geschnitten

1 kleiner Apfel, geschält, gewürfelt

50 g Räucherspeck, fein gewürfelt

30 g Fett (Öl oder Butterschmalz)

1 kleine Knoblauchzehe

1 Lorbeerblatt

Etwas Kümmel, ganz

Einige Wacholderbeeren

500 ml Fleisch- oder Gemüsebrühe

Für den Nudelteig:

300 g Mehl

Salz

2 Eier (Gr. M)

4–5 EL Wasser

Zum Fertigstellen und Schmoren:

130 g gegartes geräuchertes Wammerl, in feine Streifen geschnitten

Je 1 EL Öl und Butterschmalz zum Anbraten

250 ml Fleisch- oder Gemüsebrühe

Dressing für Blattsalate:

½ Bio-Zitrone, Saft und Schalenabrieb

1 TL Weißweinessig

1 TL Honig oder Ahornsirup

5 EL Olivenöl

Salz & Pfeffer

Frische Kräuter nach Saison (z. B. Zitronenmelisse, Minze)

Für das ***Kraut*** die fein geschnittene Zwiebel, den Apfel und Speck in Öl oder Butterschmalz anbraten. Kraut und Gewürze hineingeben. Fleisch- oder Gemüsebrühe nach und nach zugießen und das Kraut im geschlossenen Topf bei mäßiger Hitze ca. 1 Stunde durchdünsten. Das Kraut abkühlen lassen und dann sehr gut ausdrücken.

Für den ***Nudelteig*** Mehl mit Salz, Eiern und Wasser zu einem glatten Teig verkneten. Eine Rolle daraus formen, 3 gleich große Teile abschneiden und zu dünnen Flecken ausrollen.

Die Nudelflecken mit einer Schicht aus dem gut ausgedrückten Kraut und dem klein geschnittenen geräucherten Wammerl belegen. Fest aufrollen wie Strudel und in gleichmäßige, etwa 4 cm lange Stücke schneiden.

Backofen auf 180° C (Ober-/Unterhitze) vorheizen.

Fertigstellung:
In einem Schmortopf oder einer Bratreine 1 EL Öl und 1 EL Butterschmalz erhitzen, die »Ministrudel« stehend hineinstellen und zuerst auf der einen, dann auf der anderen Schnittfläche etwas anbräunen. Danach gut 250 ml Fleisch- oder Gemüsebrühe seitlich angießen.

Im vorgeheizten Backofen im Schmortopf mit Deckel oder in der zugedeckten Bratreine rund 30 Minuten schmoren.

»Die Krautkrapfen waren das Lieblingsessen meines Allgäuer Vaters.«

Christa Malke

Geboren in München und dortgeblieben.

Schon ewig verheiratet mit Dieter, zwei Töchter, zwei Enkelkinder.

Lange Jahre im Kulturreferat der Stadt München tätig, jetzt im genüsslichen Unruhestand.

Ich war eine der ersten Gitarrenschülerinnen von Willy an der Münchner Volkshochschule. Und bin seit 1981 mit ihm befreundet. Mitfiebernde bei seinem ersten Auftritt auf der Liederbühne Robinson, Groupie und Brotzeitholerin beim »Singats« auf dem Münchner Königsplatz oder als Mama Traudl-Beruhigerin (»Mei, der Bua geht in die Kunst ...«).

Koche sehr gern, aber ohne allzu viel »Chichi«.

Bobby Bräuer

FRISCHKÄSE-TORTELLINI

Für 4 Personen

Für den Nudelteig:

200 g Mehl

100 g Hartweizengrieß

3 Volleier (Gr. M)

Salz

Olivenöl

Eiweiß und Wasser zum Bestreichen der Ränder

Für die Füllung:

60 g Frischkäse

Salz

Pfeffer

½ TL Bio-Zitrone, Schalenabrieb

Für die Pilz-Essenz:

50 ml Olivenöl

1 Schalotte, geschält, blättrig geschnitten

½ Knoblauchzehe, angedrückt

50 g Pfifferlinge, geputzt und in Scheiben geschnitten

50 g Kräuter-Seitlinge, geputzt und in Scheiben geschnitten

50 g Steinchampignons, geputzt und in Scheiben geschnitten

200 ml trockener Weißwein

200 ml Noilly Prat

1 l Geflügelbrühe

Wacholderbeeren

2 Zweige frischer Thymian, Blättchen abgezupft

Salz

Nudelteig

Alle Zutaten vermischen und zu einem homogenen Teig verkneten.

Füllung

Alle Zutaten gut vermischen.

Pilz-Essenz

Olivenöl in einer Kasserolle erhitzen.

Schalotte und Knoblauch hell andünsten. Die Pilze zugeben und mit angehen lassen, mit Weißwein und Noilly Prat ablöschen, einreduzieren, bis nur noch wenig Flüssigkeit vorhanden ist. Anschließend die Geflügelbrühe angießen.

Die Gewürze dazugeben, alles leicht salzen und bei mittlerer Hitze um die Hälfte reduzieren.

Dann alles durch ein Sieb passieren und den Pilzfond im Topf abkühlen lassen.

Klären der Pilz-Essenz

Alle auf S. 60 aufgeführten Zutaten vermengen und in den abgekühlten Pilzfond geben. Auf den Herd stellen, unter ständigem Rühren aufkochen lassen und noch für 10 Minuten simmern lassen. Anschließend durch ein Tuch passieren.

Zum Klären der Pilz-Essenz:

30 g Karotte

30 g Knollensellerie

30 g Lauch

Alles geschält, geputzt und durch den Wolf gedreht (oder ganz fein geschnitten, solltest du keinen Wolf haben)

50 g Putenfleisch (gewolft; geht aber auch im Mixer)

2 Eiweiß

4 Stängel glatte Petersilie

Salz

Fertigstellung und Anrichten:
Nudelteig dünn ausrollen und kreisförmig (6 cm) ausstechen. Die Füllung in der Mitte der Kreise platzieren, die Ränder mit einem Gemisch aus Eiweiß und Wasser einstreichen und zu Tortellini formen.

Diese in Salzwasser etwa 1½ Minuten al dente kochen und auf tiefe Teller verteilen. Dann den geklärten heißen Pilzfond angießen.

Als Einlage:
Rauten von Wurzelgemüse
Erbsen
Bohnenkerne
Pfifferlinge

Kräuteröl zum Garnieren

Garnieren mit einigen wenigen Tropfen Liebstöckelöl (alternativ Petersilienöl)

GEBEIZTE GOLDFORELLE

Für 4 Personen
Für die Goldforelle:

300 g Forellenfilet, von der Haut genommen, entgrätet

Grobes Salz

Zucker

Ca. 50 ml Olivenöl

1 kleines Bund Koriander, grob gehackt

1 kleines Bund Dill, grob gehackt

1 unbehandelte Orange, Schale (mit Schäler) abgezogen (ohne das Weiße!), in feine Streifen geschnitten

1 unbehandelte Zitrone, Schale (mit Schäler) abgezogen (ohne das Weiße!), in feine Streifen geschnitten

Olivenöl zum Beträufeln

Für das Karottentatar:

1 Karotte geschält, fein geraspelt

1 EL Traubenkernöl

Ca. 1 TL Zitronensaft

Salz

Pfeffer

Zucker

2 Radieschen

1 Avocado

Buttermilchvinaigrette:

200 ml Buttermilch

1 Passionsfrucht, Saft und Kerne

Dillöl

Salz

Zucker

Alle Zutaten gut verquirlen.

Forellenfilets:
Forellenfilets vorsichtig mit Salz und Zucker bestreuen. Mit Olivenöl beträufeln, mit den Kräutern bedecken, mit den Orangen- und Zitronenzesten belegen und abgedeckt im Kühlschrank 24 Stunden marinieren.

Anschließend aus dem Kühlschrank nehmen, die Marinade abstreifen und die Filets in gleichmäßige Scheiben schneiden.

Vor dem Servieren nochmals leicht nachsalzen.

Karottentatar:
Die geraspelte Karotte mit dem Öl, Zitronensaft, Salz, Pfeffer, Zucker abschmecken und etwa 30 Minuten ziehen lassen.

Die Radieschen putzen, waschen und fein aufschneiden.

Die Avocado halbieren, den Kern entfernen, die Haut abschälen und das Fruchtfleisch in gleichmäßige Segmente schneiden.

1 EL Olivenöl, Salz, Pfeffer und 1 TL Zitronensaft verquirlen, die Avocado darin marinieren.

Fertigstellung und Anrichten:
Die Scheiben der Goldforelle auf 4 Teller verteilen.

Mithilfe eines Servierrings auf den Tellern anrichten.

Mit Avocado- und Radieschenscheiben garnieren, am Schluss die Buttermilchvinaigrette angießen.

Bobby Bräuer

Über den Beruf Koch habe ich eigentlich nie nachgedacht.

Ich habe BWL studiert, wusste aber nach zwei Semestern, dass ich – was immer für ein Beruf daraus werden würde – »so was« nicht wollte. Ich habe dann mit einer Ausbildung als Barkeeper geliebäugelt, wahrscheinlich weil ich es cool fand. Da hat ein väterlicher Freund von mir nur mit den Augen gerollt und gemeint: »Wenn schon Gastro, dann lern doch Koch. Ich kenne Otto Koch (damals Ein-Sterne-Koch in München), vielleicht kannst du bei ihm eine Lehre machen.« Ich konnte, und habe Otto in den ersten sechs Monaten sehr viel Geduld abverlangt. Aber dann hat es irgendwie *Klick* gemacht. Dass ich selbst mal über 30 Jahre Küchenchef in Sternerestaurants werden würde, hätte ich mir damals nicht träumen lassen, geschweige denn, selbst mit zwei Sternen ausgezeichnet zu werden. Aber ich habe gemerkt: DAS macht mir Spaß, da geht es um Geschmack, Stil, Genuss und Kreativität, und man hat mit vielen ganz unterschiedlichen Menschen zu tun, im Team und natürlich auch bei den Gästen. Ich lag richtig. Langweilig war's mir noch keinen Tag.

»Mit meinen Freunden Gila und Günther bin ich vor vielen Jahren einmal ins Al Pino in Solln gegangen, und damals hat dort Bobby Bräuer gekocht – wahnsinnig gut und famos einfach. Wir sind dann immer wieder hin, und es war eine Freude, zu ihm in die Küche zu gehen, in die Töpfe zu schauen und uns erklären zu lassen, was er da gezaubert hat.

Inzwischen ist er ein Sterne-Koch, war aber sofort bereit, Rezepte für dieses Buch zur Verfügung zu stellen: ›Ja klar mach ich da mit‹. Die Zubereitung seiner Gerichte ist ein bisschen aufwendiger, lohnt sich aber!«

Willy Astor

Florian Lechner

BUTTERHUHN

Für 4 Personen

Butterhuhn:

1,4–1,6 kg bestes frisches Bayrisches Bauernhuhn

500 g gesalzene Butter

Füllung:

1 Zwiebel, fein geschnitten

1 Knoblauchzehe, abgezogen, fein geschnitten

50 g Butter extra, zum Andünsten

Jeweils 2 Stängel frische Kräuter (z. B. Petersilie, Radieserlgrün, Estragon, Thymian, Majoran), zerzupft oder fein gehackt

Chiliflocken

Bio-Zitronenabrieb

5 Eier (Gr. M)

500 g Lieblingsweißbrot frisch vom Bäcker, in 3 x 3 cm große Würfel geschnitten

Salz

Schwarzer Pfeffer aus der Mühle

»Dieses Gericht habe ich aus meiner Kindheit ›mitgenommen‹, an ganz besonderen Tagen gab es das bei Oma und Tante auf dem Bauernhof …«

Füllung:
Die Zwiebel und den Knoblauch in 50 g Butter schön glasig dünsten.

Die Zwiebeln kräftig salzen und pfeffern, die gezupften und/oder gehackten Kräuter zugeben und alles ziehen lassen.

Dann mit Chiliflocken und Zitronenabrieb abschmecken und die Eier in die noch warme Zwiebelmasse einrühren (sollte ein Teil des Eies stocken, ist das gewünscht; es macht den Knödel fluffiger bzw. lockerer). Nun die Zwiebelmasse locker unter die Brotwürfel heben.

Tipp:
Gerne können Sie für »g'schmackigere« Knödel ein Drittel der Brotwürfel zuerst in der Pfanne mit Butter anrösten und mit Salz & Pfeffer würzen.

Bauernhuhn:
Das Bauernhuhn mit einem Küchentuch abtrocknen und innen kräftig salzen.

Dann den Bauch mit der Knödelmasse füllen, den »Hintern« mit Zahnstochern zustecken und mit Küchengarn zubinden, dabei auch die Schenkel und die Flügel des Huhns mit festbinden. Das Hendl in den Kühlschrank stellen.

Ofengemüse:

500 g kleine festkochende Kartoffeln, halbiert oder wenn zu groß geviertelt

600 g Gemüse nach Jahreszeit (z. B. Karotten, Sellerie, Artischocken, Paprika, Petersilienwurzel), geputzt, geschält und gewürfelt oder klein geschnitten

3 Knoblauchzehen, abgezogen

10 Schalotten, geschält

1 Lorbeerblatt

750 ml Gemüse-, Tomaten- oder Hühnerfond

In der Zwischenzeit die gesalzene Butter schmelzen und das gekühlte Hendl damit rundherum einpinseln, diesen Vorgang 4–6 Mal wiederholen und das Bauernhuhn nach jeder buttrigen Ölung wieder kühlen.

Den Ofen auf 160° C Ober-/Unterhitze vorheizen.

Sobald der Ofen die gewünschte Temperatur hat, das Butterhuhn auf den Rost (Mittelschiene) legen, eine große Bratreine oder ein tiefes Backblech mit dem Fond füllen, das Lorbeerblatt hineingeben und das Gefäß in den Ofen unter das Huhn stellen.

Die Backzeit beträgt etwa 75 Minuten, je nach Größe des Huhns.

Das Gemüse, die Kartoffeln, Knoblauchzehen, Schalotten und die restliche Knödelmasse nach 45 Minuten in die Reine geben.

»Bei uns daheim gibt es an Heiligabend immer ein Butterhuhn, es ist der größte Wunsch der Kinder.

Das Butterhuhn benötigt etwas Vorbereitung, aber ist diese erst mal erledigt, kann der Koch oder die Köchin sich entspannt zurücklehnen. Dann muss man es nur noch zerteilen und in der Reine anrichten. Bei uns wird die Reine in die Tischmitte gestellt, und alle bedienen sich selbst.

An Guadn!«

TATAR VEGAN

Für 6 bis 8 Personen

300 g Sojabohnen
3 Schalotten, fein geschnitten
1 Knoblauchzehe
2 Auberginen
4 eingelegte Artischockenherzen (Glas)
200 g Tomatenketchup
50 g Essiggurken, klein gewürfelt
50 g grüne Oliven, entsteint, klein geschnitten
50 g Kapern, gehackt
1 EL mittelscharfer Senf
1 EL Hausmacher-Senf
1 TL edelsüßes Paprikapulver
10 g Rote-Bete-Pulver
Grüne Tabascosauce
Chiliflocken
Salz
Pfeffer
Meerrettich
5 cl Cognac
1 TL Kurkuma

Sojabohnen über Nacht in Wasser einweichen, dann das Wasser abgießen, die Bohnen mit 1,5 l Wasser pürieren und in einem großem Topf weich kochen (dauert ca. 25–30 Minuten), für die letzten 5 Minuten die fein geschnittenen Schalotten und den Knoblauch zugeben.

Das weiche grobe Bohnenmus abtropfen lassen und durch ein Sieb passieren. Die abgetropfte Masse zur Seite stellen.

Den Backofen auf 200° C Ober-/Unterhitze vorheizen.

Während die Bohnen kochen, die Auberginen längs halbieren, die Schnittfläche mehrfach kreuzförmig einritzen, salzen, auf ein mit Backpapier ausgelegtes Backblech geben (Schnittfläche nach oben) und im Ofen weich backen.

Anschließend das Fruchtfleisch herauskratzen und zusammen mit den Artischockenherzen fein hacken.

Dies und alle weiteren Zutaten (vom Tomatenketchup bis zum Kurkuma) mit dem Bohnenmus gut verrühren und abschmecken. Gerne können Sie das fertige Tatar auch nach eigenem Geschmack nachwürzen.

Das Tatar hält sich im Weckglas im Kühlschrank gute 5 Tage.

Florian Lechner

Der gebürtige Münchner Florian Lechner ist die bayerische Antwort auf Jamie Oliver.

Von 2001 bis 2017 stellte er seine Leidenschaft für Gastronomie und das Kochen als Wirt des Bio-Landhotels »Moarwirt« unter Beweis, wo er sich mit seiner alpenländischen Regionalküche u.a. 14 Gault&Millau-Punkte und eine Kochmütze erkochte.

Florian Lechner ist Mitglied von »Eurotoques«, der Vereinigung Europäischer Spitzenköche und Autor mehrerer Kochbücher. Seit 2010 betreibt er das »Café Nymphenburger Sekt« auf dem Münchner Viktualienmarkt und seit 2017 außerdem – zusammen mit Christian Schottenhamel – das Traditionshaus »Paulaner am Nockherberg«.

»Das Produkt und die Erzeugung müssen stimmen: Das ist der rote Faden in meiner Küchenphilosophie!«

»Der Florian hat mich gerettet, als ich an Weihnachten mal ein Böfflamott machen wollte, aber vergessen hatte, was man alles dafür braucht und auch, wie man es zubereitet. Beim ›Moarwirt‹, wo er damals gekocht hat, hab ich ihm mal über die Schulter schaun dürfen, wie er Böfflamott zubereitet hat, und das hat mich fasziniert. Ich stand also vorm Supermarkt und rief im ›Moarwirt‹ an, netterweise haben sie mich mit ihm verbunden, und er hat mir das Rezept samt Zutaten diktiert. Ich hab's mit einem dicken Edding auf den Sportteil der Süddeutschen geschrieben, und alles war gut. Auch das Böfflamott an Weihnachten.«

Willy Astor

Peter Fröstl

RINDSGULASCH

Für 4 Personen

- 1 kg Rindswadschinken, pariert (zugeputzt), in 2–3 cm große Würfel geschnitten
- 1 kg Zwiebeln, feinwürfelig geschnitten
- 100 ml Öl oder Butterschmalz
- 4 EL Paprikapulver (edelsüß)
- 1 Schuss Rotweinessig
- 1 EL Tomatenmark
- 750 ml Wasser oder Rindssuppe (Rinderbrühe)
- 2 Knoblauchzehen, durchgepresst
- Salz
- Kümmelpulver
- Majoran
- 1–2 TL Schalenabrieb von 1 Bio-Zitrone, fein gehackt

Die Zwiebeln in heißem Öl glasig rösten, Paprikapulver untermengen, kurz durchrühren, mit einem Spritzer Rotweinessig und etwas Wasser ablöschen. Etwa 500 ml Wasser (oder Rindssuppe) zugeben, die Zwiebeln weich dünsten und durch ein Sieb passieren.

Zwiebelmus in passend großem Topf gemeinsam mit der Zwiebel-Flüssigkeit, den Fleischwürfeln, Tomatenmark, dem durchgepressten Knoblauch und den anderen Gewürzen zugedeckt am Herd (oder besser noch im Backrohr) schwach wallend köcheln lassen. Bei Bedarf Flüssigkeit ergänzen.
Das Fleisch sollte kernig weich sein, da es im heißen Saft noch nachgart. Garzeit: etwa 2–3 Stunden. Das Gulasch sollte am Schluss einen schönen Fettspiegel an der Oberfläche aufweisen.

Eine zu dünn geratene Sauce kann man entweder (kostet etwas Zeit) weiter einkochen lassen oder mit einem Mehl-Wasser-Gemisch (oder Stärkemehl) eindicken. Dazu 1 Esslöffel Mehl mit 3–4 Esslöffeln der zu dünnen Sauce (erst etwas abkühlen lassen) sorgfältig verrühren, diese Mischung in die Sauce geben, einrühren und das Ganze noch mal aufkochen. Mit Stärke geht es genauso.

Beilagenempfehlung:
Salzerdäpfel, Serviettenknödel oder Gebäck

Tipp:
Rindsgulasch kann man sehr gut vorbereiten, gekühlt aufbewahren und vor dem Servieren langsam erwärmen. Dann schmeckt es sogar noch besser, da es gut durchgezogen ist.

Peter Fröstl

Peter Fröstl ist seit über 40 Jahren ein renommierter Manager im Entertainmentbereich, u.a. von Wolfgang Ambros, Rainhard Fendrich, Hubert von Goisern, Peter Cornelius. Zu seinen Hobbys zählt neben Bogenschießen auch das Kochen, bei beidem kann er sich vollkommen entspannen.

»Peter Fröstl war der erste Wiener , der mir nach einer Vorstellung vorgeschlagen hat: ›Kimm, mir gengan jetz no auf a 16er Blech und a Eitrige im Buckel und wannst wüst, bschtööst da no a Krokodüü dazua ...‹!

Auf deutsch: Wir gehen jetzt noch auf eine Dose Ottakringer und eine Käsekrainer in der Semmel, auf Verlangen mit Essiggurke dazu ...

PS: Es fehlt den Wienern nicht an fantasiereichen Wörtern und wie sie den dazu Senf bezeichnen, schreibe ich hier lieber nicht ...;-))«

Willy Astor

Gila Sonderwald

GAISBURGER MARSCH

Für 4 bis 6 Personen

Für eine gute Fleischbrühe:

3 große Markknochen

2–3 Beinscheiben vom Rind

1 Bund Suppengrün (Liebstöckel verfeinert den Geschmack)

3 Tomaten, waschen, mit einer Gabel anstechen und mit ins kalte Wasser geben, um die Brühe zu klären

Ein paar Pfefferkörner, zerstoßen

Für den Gemüse-Anteil:

4 Kartoffeln, geschält, klein gewürfelt

2 Karotten, geputzt, geschält, in 1 cm große Würfel geschnitten

1 große Petersilienwurzel, geschält, auch in 1 cm große Würfel geschnitten

1 kleines Stück Sellerie, geschält, ebenfalls klein gewürfelt

1 Stange Lauch, gewaschen, geputzt, in feine Ringe geschnitten

5 Pfefferkörner

1 Prise Muskat

Pfeffer aus der Mühle zum Abschmecken

Fleischbrühe:

Zuerst das Suppengrün putzen, schälen und gründlich waschen. Dann grob zerkleinern.

Die Beinscheiben und die Markknochen kalt abwaschen und in einen großen Topf legen.

Das Suppengrün, die angestochenen Tomaten und die zerstoßenen Pfefferkörner dazugeben und mit reichlich Wasser aufgießen, bis alle Zutaten bedeckt sind.

Zum Kochen bringen, kurz aufkochen lassen, anschließend die Flüssigkeit bei geringerer Hitze zugedeckt etwa 90–100 Minuten leise köcheln lassen.

In dieser Zeit den beim Kochen entstehenden Schaum immer wieder mit einer Schaumkelle abschöpfen, damit die Brühe nicht trüb wird.

Solange die Fleischbrühe vor sich hin köchelt, die Kartoffelwürfel separat in Salzwasser weich kochen.

Nach etwa 1 Stunde Brühe-Kochzeit alle Gemüsewürfel (die Tomaten ebenfalls), Pfefferkörner und Muskat auch mit in den Fleischtopf geben.

Weiterkochen lassen, bis das Fleisch weich ist (dauert noch etwa 30 Minuten). Die Lauchringe erst für die letzten 5 Kochminuten in die Fleischbrühe geben.

Für die Spätzle:

500 g Mehl

5 Eier (Gr. L)

1 Prise Salz

Etwas Milch oder Mineralwasser mit Kohlensäure

Während der Brühe-Kochzeit auch die Spätzle zubereiten:
Dafür alle Zutaten mit Schwung zu einem zähflüssigen Teig verrühren, eher noch »verschlagen«, es soll Luft in den Teig kommen und sich Blasen bilden, daher nennt man ihn in Schwaben auch einen »plagerten« (»geplagten«) Teig. Wenn er am Kochlöffel Fäden zieht, die aber nicht sofort abreißen, ist er richtig.

Den Teig zugedeckt runde 30 Minuten ruhen lassen, gegen Ende der Zeit einen großen Topf mit Wasser erst zum Kochen bringen, dann salzen, und den Teig durch die Spätzlepresse, einen Spätzlehobel oder ein Spätzlesieb hineindrücken. Warten, bis die Spätzle aufsteigen, wenn sie oben schwimmen, mit dem Schaumlöffel aus dem Topf heben und mit klarem Wasser abschrecken.

Zurück zur Brühe:
Wenn das Fleisch weich ist, Beinscheiben und Markknochen aus der Fleischbrühe heben, diese durch ein Sieb in einen anderen Topf umgießen, abschmecken, etwa 1 Liter für den Gaisburger Marsch abnehmen, noch mal aufkochen. (Den Rest nach Gusto weiterverwenden.)

Das Fleisch von den Knochen lösen und in mundgerechte Stücke schneiden. Alle Gemüsewürfel, das Fleisch und die Spätzle in eine große Terrine füllen, mit der heißen Brühe aufgießen und servieren. Den Endiviensalat dazu reichen.

Endiviensalat:
Der Endiviensalat wird mäßig fein geschnitten, in warmem Wasser muss er nicht mehr liegen, die tollen Bitterstoffe sind ihm leider herausgezüchtet worden, dann vermischt man ihn kurz mit dem folgenden Dressing.

Dressing:
1 mittelgroße Zwiebel fein würfeln, mit Schmand, einem neutralen Öl (Sonnenblumenöl), Zitronensaft, Salz und Pfeffer und 1 Prise Zucker vermischen, wenn nötig, noch einen Schuss süße Sahne unterrühren.

Tipp:
Wer mag, kann das fertige Gericht nach guter schwäbischer Tradition noch mit geschmälzten Zwiebeln »veredeln«.

Dazu 2 mittelgroße Zwiebeln schälen, halbieren, in feine Streifen schneiden und in 2 EL Butter oder Butterschmalz bei milder Hitze in einer Pfanne langsam und unter stetem Rühren etwas Farbe annehmen lassen. Den Bratrückstand mit Brühe (oder Wasser) ablöschen, die Flüssigkeit verdampfen lassen. So lange wiederholen, bis die Zwiebeln richtig weich und gebräunt sind. Den Geschmack mit Salz und Pfeffer abrunden und den Gaisburger Marsch mit den Zwiebeln bekrönen.

»Dieses Gericht brachte meine Mutter in den Fünfzigerjahren von Freunden im Schwäbischen mit, seit dieser Zeit ist es in meiner Familie beliebt und wird immer wieder gekocht – die Freunde amüsiert schon der lustige Name ›Gaisburger Marsch‹, das klingt heutzutage exotischer als ein japanisches oder ein hawaiianisches Gericht. Essen muss man dieses Gericht nach meiner Mutter so: Man löffelt die Brühe aus dem Teller, Spätzle, Kartoffeln und Fleisch bleiben drauf und werden mit einem Endiviensalat gemischt – die ganze Chose ist dann lauwarm, das klingt vielleicht befremdlich, aber es schmeckt himmlisch.

Da ich auch einige schwäbische Freunde habe, spreche ich mit ihnen immer wieder über dieses ›komische‹ Gericht – keiner kennt diese Variante! Entweder hat es meine Mutter also ›erfunden‹, oder meine Freunde in Tübingen haben keine Ahnung!«

Gila Sonderwald

Den Willy kenne ich schon, da spielte er noch vor sieben Zuhörern im Club Robinson. Wir sind mit Freunden viermal durch italienische Landschaften gewandert, haben am Atlantik gecampt und in einem windigen Küchenzelt gemeinsam überirdische Menüs gezaubert – die Märkte im Medoc bieten ja alles, was Götter in Frankreich brauchen.

Das Kochen mit guten Lebensmitteln war in meiner Kindheit und Jugend selbstverständlich, meine Mutter und meine Großtante hatten große Gärten und haben diese intensiv bestellt, mein Vater ging zur Jagd.

Später habe ich zusammen mit anderen Studenten und Studentinnen im legendären »Fasaneriehof« von Eberhard Spangenberg, Thomas Münster und Ute Rössel in München-Neuhausen gekocht. Ein Menu kostete damals DM 4,50 – oft ein Reisgericht mit »bitte Gratisnachschlag«.

Ich arbeitete auch in einem, vielmehr in zwei sehr geliebten Berufen, als Lehrerin und als Fotografin – die Fotografie hab ich nie verloren …

TOSKANA
SPAGHETTI
KARTOFFEL

Annik Wecker

ZIMTSCHNECKENKUCHEN

Für 4 bis 6 Personen bzw. 12 Schnecken

Für den Hefeteig:
650 g Mehl
1 Würfel frische Hefe (42 g)
120 g Zucker
100 ml lauwarme Milch
120 ml Buttermilch
2 Eier (Gr. M)
½ TL Salz
50 g Butter

Für den Belag:
140 g Butter
120 g Zucker
120 ml Ahornsirup
2 TL gemahlener Zimt

1 geschlossene Backform (Tarteform), 28 cm, oder 1 Springform, 28 cm

Für den ***Hefeteig*** das Mehl in eine große Schüssel füllen und in die Mitte eine Mulde drücken. Die Hefe hineinbröckeln und 1 EL vom Zucker darüberstreuen. Die lauwarme Milch dazugeben und alles mit einer Gabel verrühren, bis sich die Hefe aufgelöst hat. Diesen Vorteig abgedeckt an einem warmen Ort etwa 20 Minuten gehen lassen.

Restlichen Zucker, Buttermilch, Eier, Salz und Butter hinzufügen und mit dem Knethaken des Handrührgeräts zu einem glatten Teig verarbeiten. (Sollte er zu fest sein, noch ein bisschen Milch zugeben.) Wenn der Teig sich beim Kneten vom Schüsselrand löst oder blasig wirkt, ist er richtig. (Im Zweifelsfall lieber länger rühren als zu kurz, erfahrungsgemäß geht der Teig besser, wenn er länger gerührt wurde.) Den Teig abgedeckt an einem warmen Ort gehen lassen – er muss sein Volumen verdoppeln.

Anschließend den Hefeteig noch einmal kurz durchkneten.

Für den ***Belag*** 80 g Butter, 40 g Zucker und den Ahornsirup in einen Topf geben und erwärmen. Die Sauce auf dem Boden der Backform verteilen. (Springform gut mit Backpapier auskleiden, damit nichts herauslaufen kann.)

Restliche Butter (60 g) zerlassen. Restlichen Zucker (80 g) mit dem Zimt vermischen.

Dann den Teig auf einer bemehlten Arbeitsfläche zu einem Quadrat (etwa 50 x 50 cm) ausrollen. Mit der zerlassenen Butter bepinseln und mit dem Zimtzucker bestreuen. Aufrollen und die Rolle in 12 Scheiben schneiden. Die Scheiben auf der

Schnittfläche nebeneinander in die Form legen. Noch einmal 20 Minuten abgedeckt gehen lassen.

Backofen auf 180° C Ober-/Unterhitze (160° C Umluft) vorheizen. Den Zimtschneckenkuchen im Ofen auf der mittleren Schiene 35 Minuten backen.

Herausnehmen und auskühlen lassen. Genießen.

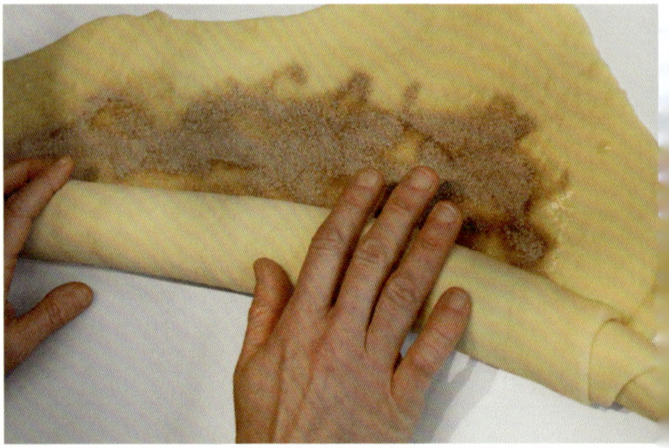

WEISSE TRÜFFELTARTE MIT HIMBEEREN

Für 4 Personen

Für den Teig:

100 g kalte Butter, in Stückchen geschnitten

70 g Zucker, am besten Puderzucker

1 Prise Salz

1 Ei (Gr. S)

200 g Mehl

2 EL gemahlene Mandeln (20 g)

1 Tarteform (28 cm Durchmesser; die Form nicht einfetten!)

Backpapier

Getrocknete Hülsenfrüchte (oder Reis) zum Blindbacken

Für die Füllung:

300 g Himbeeren, frisch oder TK

100 ml Wasser

70 g Zucker

1 TL frisch gepresster Zitronensaft

1 Prise Salz

1 EL Speisestärke

Für die Creme:

150 ml Crème double oder Schlagsahne

70 g Butter

300 g weiße Schokolade

2 Riegel weiße Schokolade zum Verzieren

Zuerst den Mandelmürbeteig zubereiten: Butter, Zucker und Salz mit den Knethaken des Handrührgeräts in einer Schüssel verarbeiten. (Puderzucker eignet sich am besten, weil er sich in der Butter schneller auflöst.) Die Butter sollte nur geschmeidig werden, nicht schaumig. Das Ei hinzufügen und weiterrühren.

Das Mehl sieben, auf einmal in die Rührschüssel schütten und nur so lange weiterrühren, bis ein geschmeidiger Teig entstanden ist. (Rührt man zu lange, wird der Teig zäh.) Der Teig muss relativ fest, aber dennoch leicht zu verarbeiten sein. Ist er brüchig geworden, 1 EL Milch oder Wasser unterkneten. Aus dem Teig nun eine Kugel formen, fest in Frischhaltefolie einwickeln und vor der Weiterverarbeitung für mindestens 1 Stunde in den Kühlschrank legen.

Den Backofen auf 200° C Ober-/Unterhitze (180° C Umluft) vorheizen.

Anschließend den Teig auf einer bemehlten Arbeitsfläche zwischen zwei Schichten Backpapier etwa 5 mm dick und etwas größer als die Backform ausrollen. Dann den Boden der Form auf diese Teigplatte legen und den Teig passend ausschneiden. Den Boden mitsamt der Teigplatte umdrehen und mit dem Backpapier nach oben in die Tarteform legen. Das Papier behutsam abziehen. Für den Rand der Tarte aus den Teigresten eine lange, möglichst gleichmäßige Schlange rollen, ringsherum in die Form legen und gut andrücken. Um das Absacken des Randes zu verhindern, die Form 30 Minuten in den Tiefkühler stellen.

Danach etwas größer als die Form zugeschnittenes Backpapier auf den Teig legen, am Rand nach oben knicken und reichlich mit getrockneten Hülsenfrüchten bedecken. Dann für 14 Minuten auf der Mittelschiene im vorgeheizten Ofen backen.

Anschließend das Papier und die Hülsenfrüchte (aufbewahren fürs nächste Blindbacken) entfernen, und den Boden (in diesem Fall) weitere 4–5 Minuten backen. (Ein Boden, der anschließend mitsamt seiner Füllung/seinem Belag noch einmal gebacken wird, braucht nur 1–2 Minuten.)
(Falls weder Hülsenfrüchte noch Reis zur Hand sind, kann man den Tarteboden auch ohne vorbacken, in diesem Fall den Boden mehrmals mit einer Gabel einstechen.)

Für die Füllung die Himbeeren verlesen bzw. auftauen und abtropfen lassen. Die Himbeeren mit 100 ml Wasser, Zucker, Zitronensaft, Salz und Speisestärke in einem Topf verrühren. Bei mittlerer Hitze unter Rühren aufkochen und köcheln lassen, sodass die Mischung etwas eindickt. Die Füllung gleichmäßig auf dem gebackenen Tarteboden verteilen und die Tarte für 30 Minuten in den Kühlschrank stellen.

In der Zwischenzeit für die Trüffelcreme die Crème double (oder Sahne) und die Butter in einem Topf erhitzen und aufkochen. Die Schokolade fein hacken oder mahlen, in eine Schüssel geben und die heiße Crème-double-Butter-Mischung darübergießen. Alles gut verrühren, bis die gesamte Schokolade geschmolzen ist. Diese Trüffelcreme vorsichtig auf die gekühlte Tarte gießen und gut verteilen. Die Tarte für weitere 2 Stunden in den Kühlschrank stellen und den Belag fest werden lassen.

Mit einem Sparschäler Späne von der weißen Schokolade abhobeln und die fertige Tarte damit dekorieren.

Tipp:
Eine besondere Geschmacksnote erhält diese Tarte, wenn man vor dem Zubereiten der Trüffelcreme 2 EL Mohn in die Crème double (oder Sahne) einrührt.

»Die Backwaren-Delikatessen der Kuchenvirtuosin Annik Wecker bringen alle ins Schwärmen – auf Vorspeise und Hauptgang kann man damit gut verzichten.«

Willy Astor

Annik Wecker

Annik Wecker wuchs im niedersächsischen Bassum auf und studierte Kommunikationswissenschaften in Amsterdam. Ihre Leidenschaft aber ist Backen, sagt sie. Schon »als Kind habe ich am liebsten Pfannkuchen, Dampfnudeln und Ähnliches gegessen, und auch jetzt würde ich am liebsten meine Mahlzeiten mit dem Dessert beginnen und anschließend nur noch der Vitamine wegen einen Salat essen.«

Annik Wecker führte von 2013–2015 »Anniks Café« in München-Schwabing und ist eine erfolgreiche Autorin von Backbüchern.

Hans Haas

FORELLE IN CIABATTA GEBACKEN AUF KREN-BOHNENSALAT

Für 4 bis 6 Personen

2 Forellen à ca. 600 g (oder man nimmt gleich 4 Filets)

1 Ciabatta-Baguette, 2 Tage alt, in Frischhaltefolie im Kühlschrank aufbewahrt

2 Handvoll Bohnen (breite Stangenbohnen oder was gerade zu bekommen ist), blanchiert

1 mittlere rote Zwiebel, in Streifen geschnitten und blanchiert

6–8 Löffel Sauerrahm, mit Salz und Pfeffer sowie etwas Zitronensaft gut abgeschmeckt

Etwas Schnittlauch, in Röllchen geschnitten

2–3 Löffel Kren (Meerettich) aus dem Glas

Salz

Pfeffer

Öl zum Braten

Frisee- oder anderer Salat (z. B. »Vogerl«-Feldsalat) zum Garnieren

Ein Ciabatta-Baguette kaufen, in Klarsichtfolie einschlagen und 2 Tage liegen lassen (auch im Kühlschrank). Danach lässt sich das Brot gut schneiden.
Sie können das geschnittene Brot wieder in die Klarsichtfolie einwickeln und im Kühlschrank ganz lange aufbewahren. Man kann es für viele andere Gerichte verwenden. So hat man immer einen Vorrat.

Besonderer Tipp für die Forelle oder jeden anderen Fisch:
Ich nehme 500 ml Wasser und 50 g Salz, das löse ich im Wasser auf und lege die filetierten und abgezogenen Forellen für ca. 10–12 Minuten hinein. Dann herausnehmen und trocken tupfen. Man kann den Fisch auch ganz normal salzen und pfeffern, aber diese Methode ist einfach super.

Die Forellenfilets quer halbieren.

Die Ciabatta der Länge nach (möglichst mit der Aufschnittmaschine) in 2–3 mm dünne Scheiben schneiden. Die halbierten Forellenfilets mit Kren bestreichen und jeweils Ende an Ende auf eine Brotscheibe legen. Diese darüber zusammenklappen.

Ganz wenig Öl in einer beschichteten Pfanne erhitzen, die Brote hineinlegen, leicht andrücken, kurz braten und wenden. Auf Küchenpapier ein wenig abfetten lassen und sofort, noch ganz knusprig, servieren.

Zum Anrichten die Bohnen aus der Marinade (siehe S. 94 oben) nehmen, die blanchierte Zwiebel dazugeben sowie den vorbereiteten Sauerrahm (siehe linke Spalte unter Zutaten) und 1–2 Löffel Kren, je nach persönlichem Geschmack.

Marinade für die Bohnen:

2 EL Zwiebel, fein geschnitten

2 EL Obstessig (oder anderer Essig)

5 EL Wasser

2 EL Pflanzenöl

Salz & Pfeffer nach Geschmack

1 Prise Zucker

Alles zusammen gut verrühren und würzen. Die Bohnen damit vermischen, nochmals mit Salz und Pfeffer abschmecken.

Nochmals probieren, dann auf den Tellern verteilen, das Fischbrot darauf anrichten mit etwas Frisee- oder Feldsalat garnieren (oder was Sie gerade zur Hand haben). Etwas geriebenen Kren (Meerrettich) darübergeben, wenn Sie haben, aber das Ganze schmeckt auch ohne Garnitur.

Hans Haas

»Ich habe meine Ausbildung beim »Kellerwirt« in der Wildschönau gemacht, dann ging es weiter, unter anderem im Restaurant »Auberge de l'Ill« bei Marc Haeberlin und im Restaurant »Aubergine« bei Eckart Witzigmann.

Mein Antrieb, mein Ziel: einfach nur gut kochen lernen! Das andere hat sich dann alles bissl so ergeben.«

Seine Auszeichnungen reichen vom Bocuse d'Or (»Goldener Bocuse«), über den 3. Platz bei der Kochweltmeisterschaft der Nachwuchsköche und zwei Sterne im Guide Michelin bis zum »Koch des Jahres« (Gault&Millau).

Thomas Urbanek

ROASTBEEF

Für 10 Personen

2,5–3 kg Beiried (Lendenstück) vom Kalb oder Jungstier, vorzugsweise Bio-Qualität

Feines Salz

Fein gemahlener schwarzer Pfeffer

1 Tube scharfer Senf

250 ml Pflanzenöl (die Pfanne muss ca. 1 cm hoch bedeckt sein)

Scharfer Senf zum Anrichten

Französische Petersilie zum Garnieren

Roggensauerteigbrot als Beilage

Das Fleisch eine gute Stunde vor dem Braten auf Zimmertemperatur bringen.

Dann salzen, pfeffern und mit Senf bestreichen.

In einer guten, stabilen Pfanne ca. 1 cm hoch Pflanzenöl stark erhitzen und das Fleisch darin pro großflächiger Seite 5 Minuten anbraten.

Ofen inzwischen auf ≤ 100° C Umluft (≤ 118° C Ober-/Unterhitze) vorheizen.

Das angebratene Fleisch in einem »Nest« aus Alufolie aufs Backblech legen, den Bratensaft aus der Pfanne übers Fleisch gießen, anschließend das Fleisch ganz in die Folie wickeln.

Das Roastbeef auf der Mittelschiene in den Ofen schieben, Temperatur nicht mehr verändern und je nach gewünschtem Gargrad 35–50 Minuten (Daumenprobe) garen.

Am Naschmarkt servieren wir das Fleisch ganz dünn aufgeschnitten, da wir die feinsten Aufschneider der Welt sind, gießen den aufgefangenen Bratensaft (aus der Folie – Fleisch lässt gut Saft) über die Tranchen, geben beim Anrichten scharfen Senf daneben und reichen Roggensauerteigbrot dazu! Dann mit französischer Petersilie garnieren, servieren und verzieren, äh, verzehren und genießen.

»Man braucht, wenn man viel unterwegs ist, in jeder Stadt einen Anlaufpunkt. In Wien war dies das eine oder andere Kaffeehaus, das Hawelka, das Café Museum, das Café Sperl oder auch mein Kleines Café am Franziskanerplatz. Man braucht aber auch Verbündete, mindestens einen – der einem nach den Vorstellungen ein paar leiwande Beisln zeigt –, für mich war das mein Agent Peter Fröstl.

Mittlerweile hab ich fast eine ganze ›gefühlte‹ Familie in Wien, den Fu vom Stadtsaal oder die Silvia Lahner vom ORF. Und die Urbaneks – Vater Gerhard und die beiden Söhne Thomas und Daniel mit ihrem winzigen Stand auf dem Nachmarkt – sind schon lang Teil meiner ›Großfamilie‹ in Wien. Alle drei sind großartige Geschichtenerzähler, die Goethe genauso zitieren können wie Qualtinger und Jandl, und den besten ›Schmäh‹ verschenken, jedenfalls für mich.«

Willy Astor

Thomas Urbanek

Mein Name ist Thomas Gerhard Urbanek, geboren 1979 in Wien! Nach meiner ersten kulinarischen Feilung im Kindergarten in meinem Wohnbezirk Favoriten durfte ich die Volksschule besuchen, dann das Gymnasium, das ich mit der Matura abschloss. Dann machte ich eine Ausbildung zum Diplom-Werbefachmann.

Nebenbei durfte (musste) ich vom Jugendalter an immer wieder und schließlich immer mehr im ›Naschmarktstandl‹ meines Vaters, das mein Onkel vor über 60 Jahren eröffnet hatte, mithelfen und -arbeiten. Nach einem Jahr in der Werbebranche entschied ich mich, meine Kreativität beim Urbanek am Naschmarkt einzusetzen und bin seither neben meinem Vater und Bruder fix dabei! Wo sonst kann man denn noch jeden Tag so viele neue Platten herausbringen (von der Schneidemaschine in den kleinen Gastgarten).

Die Liebe zur Kulinarik entstand dadurch, dass unser Vater uns täglich mit Spezialitäten aus dem Feinkostladen Urbanek verwöhnte und unsere Mutter fantastisch kochte ...

Was gibt es nun Schöneres, als tolle Gäste und Kunden mit feinsten Köstlichkeiten (denn auf 13 Quadratmetern findet nur die ›Einser-Ware‹ Platz) zu verwöhnen! Diese Stammgäste kommen zum Teil täglich zur Jause oder tragen regelmäßig ihr Sackerl nach Hause. Aber auch Reisende aus aller Welt und aus allen Branchen kaufen bei uns ein.

Tolle Meisterköche (wie u.a. Eckart Witzigmann oder Anthony Bourdain oder unser lieber Freund Reinhard Gerer) lobten unser Roastbeef, das wir täglich frisch braten! Ist das nicht eine tolle Motivation?!

Mit gutem Essen dem Kunden oder Gast ein Lächeln ins Gesicht zu zaubern und noch ein gutes Glas Wein dazu, wie kann's schöner noch sein ...

Hella Witte

GEGRILLTE EDELFISCHSPIESSE

Für 2 Personen

Für die Marinade:

2 Knoblauchzehen, in feine Scheiben geschnitten

1 Peperoncino, in feine Scheiben geschnitten

Olivenöl

Saft von 1 kleinen Zitrone

1 TL Fischgewürz

Salz

Pfeffer

Für die Fischspieße:

200 g Seeteufel

200 g Pulpo, gekocht

8 Garnelen, geschält, entdarmt

1 rote Zwiebel, geviertelt

1 rote Paprikaschote, in Streifen geschnitten

1 grüne Paprikaschote, in Streifen geschnitten

1 Bio-Zitrone, in Spalten geschnitten

1 Bio-Limette, in Spalten geschnitten

Für die Marinade Knoblauch und Peperoncino mit Olivenöl, Zitronensaft, Fischgewürz, Salz und Pfeffer vermengen.

Sollten Sie Holzspieße verwenden, legen Sie diese vorher kurz in Wasser ein, damit sie beim Grillen nicht verbrennen.

Seeteufel und Pulpo in 3 cm große Stücke schneiden und abwechselnd mit Garnelen, Paprika- und Zwiebelstücken, Zitronen- und Limettenspalten auf die Spieße stecken.

Die Spieße auf den Grill legen und 8 Minuten grillen. Dabei immer wieder mit der Marinade bepinseln und ein Mal wenden.

KLARE FISCHSUPPE

Für 4 Personen

Für den Fischfond:

1,5 kg Gräten, vorzugsweise von Seezunge, St. Pierre (Petersfisch), Steinbutt oder Knurrhahn

2 Stangen Staudensellerie, in grobe Stücke geschnitten

1 Zwiebel mit Schale, in grobe Stücke geschnitten

1 Stange Lauch, in grobe Stücke geschnitten

2 Karotten, in grobe Stücke geschnitten

1 Petersilienwurzel, in grobe Stücke geschnitten

2 Lorbeerblätter

4 Safranfäden

4 Stängel Thymian

100 ml Noilly Prat (Wermut)

100 ml Weißwein

2 EL Salz

Pfeffer

Fischfond:

Gräten gründlich waschen und grob zerkleinern. In einem hohen Topf 2 l Wasser zum Kochen bringen und Gräten, Gemüse sowie Gewürze und Salz hineingeben. Alles 45 Minuten köcheln lassen, aufsteigenden Schaum gelegentlich abschöpfen. Ein Sieb mit Mull (Passiertuch) auskleiden und die gehaltvolle Brühe dadurch in einen anderen Topf abgießen.

Fischsuppe:

Die Fische abspülen, trocken tupfen und in mundgerechte Stücke schneiden. Den Fischfond in einem hohen Topf erhitzen, Fisch, Meeresfrüchte und das Gemüse mit den Tomaten zugeben und bei mäßiger Hitze 10 Minuten köcheln lassen. Mit Salz und Pfeffer abschmecken und die Suppe für weitere 2 Minuten stark erhitzen. Sofort auf 2 vorgewärmte Teller verteilen, die Rouille (in Schälchen) und das aufgeschnittene Baguette separat dazu servieren.

Tipp:

Der Fischfond hält sich im Kühlschrank etwa 1 Woche. Reste können Sie auch in Eiswürfelbehältern einfrieren und später für (Senf-)Saucen zu anderen Fischgerichten verwenden.

Für die Fischsuppe:

500 g gemischte Fischfilets ohne Haut und Gräten (z. B. Dorsch, Seeteufel, Heilbutt, Lachs)

600 ml Fischfond, entweder fertig gekauft oder selbst gemacht (Rezept siehe S. 102 oben)

8 Miesmuscheln, geputzt

8 Vongole, sorgfältig gewaschen

4 Tintenfische, küchenfertig

6 Garnelen, geschält, entdarmt

250 g Suppengemüse (Karotte, Zucchini, Staudensellerie, Lauch), in mundgerechte Stücke geschnitten

6 Cocktailtomaten, halbiert

Salz

Pfeffer

Zum Anrichten:

1 Becher Rouille (200 g)

Baguette

»Fische wohnen in Schuppen und gehen auch schon mal einen trinken in der ›Bar Akuda‹. Und wenn's ihnen taucht, dann spielen sie am Flipper rum, rauchen was und sind hammerhigh. Dann kam es auch schon vor, dass sie gegenseitig an ihrem Stachel rochen oder am Fischstäbchen. (Diese Infos bekam ich von einem Damenwal.)«

Hella Witte

Ich bin über meine Großmutter zum Kochen gekommen. Meine Oma hat in Miesbach am Untermarkt eine Gastwirtschaft geführt, und dort gab es unter der Woche einen Markt mit lebenden Hühnern und einem Brunnen, damit die Gärtner ihre Ware bewässern konnten. Meine Oma hat mir gezeigt, wie man richtig einkauft und worauf man achten muss, und in ihrer Küche, da haben sie alles selber gemacht, von der Schmalznudel bis zur Dampfnudel, vom Schweinsbraten bis zum Fisch mit Kartoffelsalat am Freitag – das war auch eine andere Zeit, in der es noch keine Spülmaschine gab und das Geschirr in der Küche noch von Hand gespült wurde. Ich bin dankbar für diese Erfahrung, weil das alles mich sehr geprägt hat und ich bei meiner Großmutter gelernt hab, wie es schmecken kann, wie es schmecken soll. Und Omas haben auch einfach das einmalige Oma-Gen, das durch nichts übertroffen werden kann – sie hat in mir die Leidenschaft fürs Essen geweckt.

Die Leidenschaft für Fisch wiederum entstand über meinen Papa. Mein Name ist ja Witte – immer noch mein Mädchenname –, weil mein Papa ein Hanseat aus Hamburg ist und ich wahrscheinlich die einzige Bayerin bin, die mit Hochgeschwindigkeit Krabben puhlen kann. Ich bin oft hin und her gependelt zwischen Miesbach und Bremerhaven, Bremen, Hamburg – dort, wo die Verwandtschaft väterlicherseits stationiert war–, und da wurde halt immer Fisch gegessen. Mein Großvater hatte einen Zwillingsbruder, und die beiden haben schon frühmorgens Fisch auf dem Fischmarkt verkauft, und so habe ich oft drei Wochen nur Fisch gegessen, das prägt, sowohl der Geschmack als auch der Geruch.

Für mich ist der Duft einer Küche oft besser als ein gutes Parfum – zudem habe ich auch noch was anderes gelernt, nämlich Drogistin. In diesem Beruf habe ich für Lancaster und Clinique deutschlandweit gearbeitet und noch mal andere Düfte kennengelernt. Ich habe mich also andauernd mit Aromen und Düften auseinandergesetzt und versucht, den guten Geschmack und die Sinnlichkeit in unsere Fischküche am Münchner Viktualienmarkt zu bringen.

SABRE
PARIS

Kai von Kotze

SPINAT-KÄSE-QUICHE

Für 4 bis 6 Personen

Für den Teig:

250 g Mehl (plus etwas zum Ausrollen)

125 g kalte Butter, in kleine Stückchen geschnitten

1 Prise Salz

1 Ei (Gr. M)

2–3 EL lauwarmes Wasser

30 g getrocknete Cranberrys, grob gehackt

1 (Spring- oder Tarte-) Backform (26 cm Durchmesser)

Butter zum Einfetten der Backform

Backpapier, auf die Größe der Form zugeschnitten

Getrocknete Hülsenfrüchte zum Blindbacken

Für die Füllung:

250 g tiefgekühlte Blattspinatbällchen

3 mittelgroße Zwiebeln, klein geschnitten

60 g Oliven, entsteint

3 EL gestiftelte Mandeln

100 g Schmand

150 g Ziegenfrischkäse

3 Eier (Gr. M)

Etwas Muskat, frisch gerieben

Salz & Pfeffer

125 g getrocknete Tomaten

150 g Schweizer Gruyèrekäse, gerieben

Erst den Mürbeteig zubereiten:
Das Mehl gut mit dem Salz vermischen und auf der Arbeitsfläche aufhäufeln, eine Mulde in die Mitte drücken. Die Butterstückchen um die Mulde herum verteilen, das Ei in die Mitte geben, 2–3 EL lauwarmes Wasser hinzufügen. Zuerst mit den Knethaken des Rührgeräts und dann mit den Händen rasch zu einem Teig verkneten, zu einer Kugel formen, fest in Frischhaltefolie einwickeln und etwa 1 Stunde kühl stellen. Dann den Backofen auf 200° C Ober-/Unterhitze (180° C Umluft) vorheizen.

Anschließend in den Mürbeteig die grob gehackten Cranberrys einkneten.

Den Teig auf einer bemehlten Fläche etwa 2–3 cm größer als die Backform ausrollen und in die vorher gefettete Form legen (das klappt leichter mit einem großen Tortenheber oder indem man die Teigplatte vorher um das Nudelholz wickelt und in der Form wieder »abrollt«). Mit den Fingern einen Teigrand hochziehen und festdrücken. (Das Ausrollen gelingt fast nie perfekt, einfach mit den Teigresten zusammenflicken.)

Dann den Quicheboden im vorgeheizten Backofen blindbacken, dazu den Teig mehrmals mit einer Gabel einstechen, mit dem zugeschnittenen Backpapier auslegen und mit getrockneten Bohnen, (Kicher-) Erbsen oder Linsen bedecken. (Reis geht auch.) Im Ofen 15–20 Minuten vorbacken. Danach Papier entsorgen, Hülsenfrüchte oder Reis zur Wiederverwendung beim Blindbacken aufheben.

Für die Füllung die Spinatbällchen vorher in einem Sieb auftauen lassen, dann mit einem Löffel das Wasser gut herauspressen.

Die klein geschnittenen Zwiebeln mit Butter in einer Pfanne anbraten, leicht bräunen. Abkühlen lassen.

Schmand, Frischkäse und Eier in einer Schüssel vermengen, mit etwas geriebener Muskatnuss, Pfeffer und Salz abschmecken.

Spinat, Oliven und die getrockneten Tomaten grob hacken und zusammen mit den Zwiebeln und den Mandelstiften in die Schüssel mit der Eier-Käse-Mischung geben und alles gut verrühren.

Die Masse gleichmäßig auf dem vorgebackenen Quicheboden in der Backform verteilen. Für insgesamt etwa 45 Minuten ab damit in den heißen Backofen.

Nach 30 Minuten den geriebenen Gruyère zum Überbacken auf der Quiche verteilen, dann geht die Form für etwa 15 Minuten zurück in den Ofen bzw. bis der Gruyère geschmolzen ist und eine hellbraune Kruste gebildet hat.

Schmeckt mir am besten lauwarm mit einem frischen grünen Salat und einem Glas Weißwein

Kai von Kotze

Kai von Kotze, Jahrgang 1953, Absolvent der Hochschule für Film und Fernsehen/München, Abt. Spielfilm, freier Autor und TV-Regisseur. Verheiratet, drei Kinder, vier Enkelkinder.

Lorenz Fuchs

KÄSESPÄTZLE MIT RINDERFILET

Für 4 Personen

Für die Spätzle:

500 g Weizenmehl

6 Eier

200 ml Milch

1 TL Salz

1 Prise Muskat, frisch gerieben

400 g würziger Bergkäse, gerieben oder zerkleinert

Ofenfeste Form oder Pfanne

Fett für die Form (falls nötig)

Fürs Filet:

4 Scheiben Rinderfilet, je ca. 4 cm dick

Salz

Pfeffer aus der Mühle

2 EL Butterschmalz (aus dem Topf vom Frittieren)

Für die Röstzwiebeln:

4 rote Zwiebeln (alternativ 8 Schalotten), geschält, in Ringe geschnitten

250 g Butterschmalz

Salz

Die Rinderfilets frühzeitig (1 gute Stunde vor Kochbeginn) aus dem Kühlschrank holen, gut salzen und pfeffern, beiseitestellen (Raumtemperatur).

Wasser in einem sehr großen Topf zum Kochen bringen, 2 EL Salz hineingeben.

Alle Spätzlezutaten zu einem glatten Teig verrühren, die Konsistenz sollte zwischen Pfannkuchen- und Kuchenteig liegen (ggf. Milch oder Mehl ergänzen). Ruhen lassen.

Den Backofen auf 150° C Umluft (170° C Ober-/Unterhitze) vorheizen.

Derweil das Butterschmalz in einem kleinen Topf erhitzen, die Zwiebelringe salzen, in Mehl wenden und portionsweise bei mittlerer Hitze knusprig-braun frittieren. Beiseitestellen.

Die Spätzle portionsweise in das siedende Salzwasser hobeln oder durch ein Spätzlesieb hineinpressen, nach dem Aufschwimmen abschöpfen und in eine (falls nötig gefettete) ofenfeste Form oder Pfanne geben.

Auf jede Portion Spätzle eine Schicht Käse streuen, dann die nächste Lage Spätzle daraufgeben und so weiter. Mit einer Schicht Käse abschließen und die Form in den vorgeheizten Ofen stellen.

Eine gute Pfanne mit zwei EL Butterschmalz sehr heiß werden lassen.

Die Filets beidseitig scharf braten (je nach gewünschtem Gargrad) und zugedeckt ruhen lassen.

Sobald der Käse über den Spätzle schön verlaufen ist, die Form aus dem Ofen nehmen und die Kässpätzle zusammen mit den Filets und den Zwiebeln anrichten.

Tipp:
Dazu passt sehr gut ein Feldsalat mit Tomaten und einem fruchtigen Dressing aus 4 TL Himbeermarmelade, Öl, Essig, Salz und Pfeffer.

Fuchs wünscht guten Appetit!

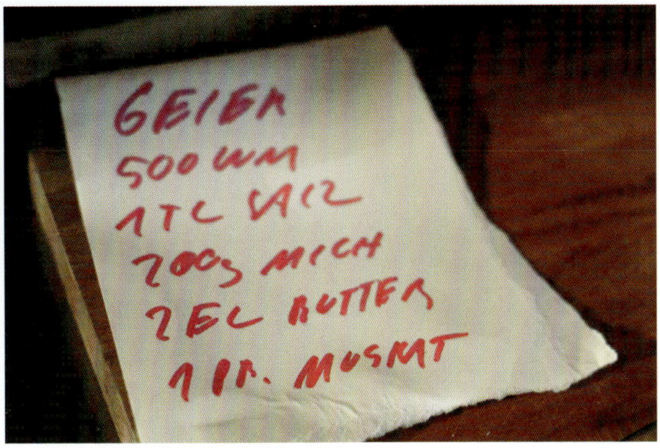
6 EIER
500 g MEHL
1 TL SALZ
200 g MILCH
2 EL BUTTER
1 PR. MUSKAT

GEBRANNTE (KARAMELLISIERTE) MANDELN

5 EL Wasser
1 EL Zimt, gemahlen
3–4 EL Zucker (nach Geschmack)
200 g Mandeln, naturbelassen, ganz
1 Prise Salz
Backpapier

Wasser mit Zimt und Zucker in einer beschichteten Pfanne bei mittlerer Hitze aufkochen.

Mandeln hineingeben und unter Rühren weiter köcheln lassen, bis das Wasser verdampft ist.

Sobald die Mandeln trocken und mit Zucker umhüllt sind, eine Prise Salz zugeben, die Hitze erhöhen und ständig rühren (sehr wichtig!).

Sobald der Zucker komplett karamellisiert ist und die Mandeln zu knacken beginnen, diese zum Abkühlen auf einem Bogen Backpapier verteilen.

Als Variationen funktionieren auch brauner Zucker, Vanillezucker und andere Nüsse.

Lorenz Fuchs

Lorenz Fuchs hat Heizungsbaumeister gelernt, bewirtschaftet aber mit seiner Familie einen Bauernhof am Isarhochufer.

»Lorenz Fuchs habe ich in der Pilatesgruppe getroffen, wo wir die einzigen Bodenturner waren, und schnell war klar, dass wir nach dem Training zusammen noch einen Kaffee trinken. Dabei haben wir unsere gemeinsame Leidenschaft fürs Kochen und Essen festgestellt. Er hat mich oft bekocht, und ich habe die Leichtigkeit bewundert, mit der er nebenbei alle möglichen anderen Sachen erledigt, wenn's is, repariert er grad noch die Heizung. Wo er ist, wird die Welt zu einem besseren Ort.«

Willy Astor

Renate Sikuta

KÖNIGSBERGER KLOPSE

Für 4 bis 6 Personen

500 g Hackfleisch, gemischt (Rind und Schwein)

2 altbackene Brötchen

1 große Zwiebel, geschält, fein gewürfelt

1 Ei (Gr. M)

Salz

Pfeffer

Zwiebelsalz

1 EL Sardellenpaste (optional)

Je 3 Pfeffer- und Pimentkörner

1 Lorbeerblatt

2 EL Kapern, die Hälfte fein gehackt

1,5 l Salzwasser mit einem Schuss Essig

50 g Butter

50 g Mehl

100 ml Sahne

1 Eigelb

»Mit diesen Königsberger Klopsen konnte ich meinen Schwiegersohn Willy total begeistern. Sie haben ihm so gut geschmeckt, dass er vier Stück geschafft hat – und ich mache sie größer als Golfbälle!«

Die altbackenen Brötchen in lauwarmem Wasser einweichen.

Das Hackfleisch in eine Schüssel geben, die gut ausgedrückten Brötchen, die Zwiebelwürfel, das Ei, Salz, Pfeffer, Zwiebelsalz und Sardellenpaste (falls verwendet) hinzufügen und alles gut vermengen. Aus der Masse Klopse formen (à ca. 60 Gramm).

In einem großen Topf Salzwasser mit den Gewürzkörnern, dem Lorbeerblatt und einem Schuss Essig zum Kochen bringen. Die Klopse vorsichtig hineingeben und zugedeckt bei mittlerer Hitze etwa 20 Minuten köcheln lassen. Danach mit einer Schöpfkelle herausheben und beiseitestellen. Das Wasser durch ein Sieb abgießen und gut 1 Liter davon abmessen, behalten.

Für die Soße im selben Topf die Butter schmelzen und das Mehl darin anschwitzen, bis eine sämige Masse (»Mehlschwitze«) entsteht. Das Kochwasser von den Klopsen langsam zugeben, bis die gewünschte Konsistenz erreicht ist, dann unter ständigem Rühren rund 5 Minuten köcheln lassen.

Sahne und Eigelb vermischen und vorsichtig unterrühren – aber die Soße nicht mehr kochen lassen! Die Kapern und etwas Kapernwasser hinzufügen. Alles mit Salz, Pfeffer, einer Prise Zucker und nach Geschmack mit etwas Zitronensaft abschmecken. Es sollte leicht süß-säuerlich sein, aber man muss die Kapern schon rausschmecken.

Die Klopse in die Soße einlegen und noch mal erwärmen.
Mit Salzkartoffeln servieren.

Tipp:
Oft mache ich die doppelte Menge Königsberger Klopse und friere dann Hälfte ein. Das geht wunderbar und beeinträchtigt den Geschmack überhaupt nicht. Davor am besten über Nacht im Kühlschrank auftauen lassen.

Renate Sikuta

In der Nachkriegszeit (ich bin Jahrgang 1945, mein Bruder ist drei Jahre älter) kümmerte sich meine Mutter als Kriegerwitwe alleinerziehend um unser aller Wohlergehen.

Wir waren sogenannte Schlüsselkinder. Wenn wir aus der Schule kamen, war entweder etwas zum Aufwärmen vorbereitet oder wir mussten selbst für unser Essen sorgen.

Bei uns gab es deutsche Hausmannskost – deftig, fett, kalorienreich. Man sollte ja satt werden! Leider hat mich meine Mutter nie in ihre Kochkünste eingewiesen, aber ich habe den Geschmack einiger Gerichte noch heute auf der Zunge – so auch den der Königsberger Klopse, der Leber nach Berliner Art, vom Rot- und Sauerkraut und einigem mehr.

Als ich zu Hause ausgezogen war, telefonierten wir oft, und ich fragte sie auch nach Rezepten: »Wie hast du das gemacht, was kommt da rein?«

Meine Kochbegeisterung hat sich erst später entwickelt. Es ist eine Leidenschaft von mir, sowohl in alten (wirklich von anno dazumal oder in Büchern aus der ehemaligen DDR) als auch in Kochbüchern von jüngeren Köchen wie Tim Mälzer oder Jamie Oliver herumzustöbern. Heutzutage hat man ja auch die Möglichkeit, sein Kochwissen durch das Internet zu erweitern. Ungewollt habe ich da auch schon viel Zeit verbracht, um zu sehen: Wie machen die das eigentlich bei »Chefkoch« und Konsorten? Es werden auch Videos mit Tricks gezeigt, von denen ich trotz meines Alters noch nie gehört habe. Da klingen mir die Worte meiner Mutter im Ohr: »Man kann so alt sein wie 'ne Kuh, man lernt immer noch dazu.«

Gerhard Sikuta

OPIS PFANNKUCHEN

Für runde 10 Stück

1 guten Schluck Sprudelwasser (Mineralwasser mit Kohlensäure)

450–500 ml Milch (egal, was für eine)

3 Eier (Gr. M)

450–500 g Mehl

Etwa 100 g Zucker

1 TL Salz

Butter zum Ausbacken

»Seit 15 Jahren mache ich meine Eierkuchen nach Gefühl! Das ist kein Rezept, sondern eine Anleitung.«

Den Schluck Sprudelwasser mit den anderen Zutaten gut aufmixen oder aufschlagen, 10 Minuten stehen lassen, dann bei Bedarf nachbessern. Der Teig sollte die Konsistenz von flüssigem Honig haben.

1 TL Butter in der nicht zu heißen Pfanne zerlassen, mit einer Schöpfkelle eine Portion Teig hineingeben, durch Schwenken gleichmäßig verteilen. Die erste Seite langsam hellbraun backen, wenden, bei der zweiten Seite geht's dann schneller. Nicht zu braun werden und nicht anbrennen lassen!

Tipp:
Die süßen Eierkuchen schmecken uns auch mit einer pikanten Hackfleischfüllung oder mit Cointreau!

Gerhard Sikuta

Geboren 1943 in Wien und von meiner Mutter bestens versorgt, habe ich die ersten 27 Jahre meines Lebens nur gegessen – wie gekocht wird, hat mich nicht interessiert. Das änderte sich allerdings schlagartig mit meiner »Auswanderung« nach Berlin.

Hier war Selbstversorgung angesagt! Kochen ist in meiner fünfköpfigen Familie eine Selbstverständlichkeit, und wir machen es auch gerne. Rezepte werden allerdings nur in groben Zügen beachtet. Für unsere Enkel sind wir die besten Köche, das reicht!

Rita de Cássia Silva Rodrigues

RITAS FEIJOADA

Schwarze-Bohnen-Eintopf

Für 6 bis 8 Personen

500 g Schwarze Bohnen

500 g geräucherte Schweinerippen (vom Metzger halbieren lassen)

4 Polnische (Rohwürste)

2 Cabanossi

200 g Speck

2 große Zwiebeln, klein geschnitten

4 Knoblauchzehen, abgezogen, klein geschnitten

Öl zum Anbraten

Und als weitere Zutat:

200 g getrocknetes Rindfleisch (in Südbrasilien »Charque« genannt, in anderen Bundesländern Brasiliens »Carne Seca«) geben dem Gericht noch eine besondere Note – es ist aber in Europa nur sehr schwer zu bekommen.

»Die Feijoada kann man als das brasilianische Nationalgericht bezeichnen – und auch in Portugal ist sie sehr beliebt. Die Zutaten findet man in ›normalen‹ deutschen Geschäften eher nicht, aber in portugiesischen Läden, oft auch in Supermärkten mit Lebensmitteln aus dem Mittelmeerraum.«

Wichtig: Weichen Sie die Bohnen in reichlich Wasser über Nacht ein.

Am nächsten Tag schütten Sie das Einweichwasser weg und bringen die Bohnen mit genug frischem Wasser zum Kochen, es soll ungefähr 3 Fingerbreit über den Bohnen stehen. Wenn Sie einen Schnellkochtopf benutzen (was ich empfehle), geben Sie noch 100 ml Wasser extra dazu. Wenn die Temperatur zu hoch wird und der Druck zu sehr ansteigt, den Topf vom Herd nehmen und abwarten, bis der Druck sich verringert.

Zwiebeln und Knoblauch in einer Pfanne in Öl anbraten. Das Fleisch in mundgerechte Stücke schneiden und zusammen mit den angebratenen Zwiebeln und dem Knoblauch in einen großen Topf/in den Schnellkochtopf geben.

Die Bohnen und die anderen Zutaten mit ein bisschen extra Wasser auch hinzufügen und den (Schnell-)Kochtopf auf den Herd stellen, den Inhalt zum Kochen bringen, bis der Druck wieder das Maximum erreicht. Dann den Herd ausschalten und den Topf abkühlen lassen. Wenn der Druck wieder so niedrig ist, dass Sie den Schnellkochtopf gefahrlos öffnen können, nehmen Sie den Deckel ab. Dann stellen Sie den Herd auf niedrige Hitze ein und lassen die Feijoada noch etwa 30–40 Minuten köcheln, damit die Sauce noch ein bisschen eindickt.

Beilagen:

250 g Farofa (geröstetes Maniokmehl)

300 g Couve (brasilianischer/portugiesischer Grünkohl), geputzt, grob gehackt

400 g Reis (am besten Basmati)

4 Bio-Orangen

Vinaigrette (Rezept siehe S. 125)

Beilagen:

Farofa:
Es gibt viele verschiedene Möglichkeiten, Farofa zuzubereiten. Im Wesentlichen handelt es sich um ein Gericht aus geröstetem Maniokmehl. Sie können es so machen:

250 g Maniokmehl
Öl (oder klein geschnittener, ausgelassener Speck/Bacon)
1 kleine Zwiebel, würfelig geschnitten
1 Prise Salz

Die Zwiebel in einer Pfanne in heißem Öl anbraten. (Sie können statt Öl auch klein geschnittenen Speck verwenden und ihn zuerst auslassen.) Das Maniokmehl mit der Zwiebel und dem Speck (falls verwendet) vermischen und das Mehl rösten, bis es hell goldbraun wird. Mit Salz abschmecken.

Couve:
½ Zwiebel klein schneiden und in einer Pfanne in heißem Öl anbraten. Die 300 g Couve hineingeben und nur ein paar Minuten anbraten, damit er seine Farbe behält, er soll nur heiß werden.

Reis:
Hierfür gibt es kein brasilianisches Geheimnis. Kochen Sie den Reis auf Ihre gewohnte Art. Basmati-Reis würde hier gut passen. 400 Gramm sollten für 8 hungrige Gäste reichen.

Orangen:
Die 4 Orangen in nicht zu dicke Scheiben schneiden und separat servieren.

Vinaigrette:
Vinaigrette aus 4 Tomaten, 2 roten Paprikaschoten, Saft von 2 Limetten, 4 Frühlingszwiebeln, Olivenöl, dazu frischen Koriander und Chili nach Belieben.

Tomaten, Paprika und Frühlingszwiebeln klein schneiden, mit Olivenöl und dem Saft der beiden Limetten vermischen. Chili und Koriander nach Belieben dazugeben und unterrühren.

»Wie schön, eine Brasilianerin im Kochbuch dabeizuhaben mit dieser landestypischen Spezialität. Und auch hier sind die Komponenten so verführerisch, dass man sich fast zwingen muss, mit dem Genießen aufzuhören …

Rechts neben ihr ist ihr Mann und mein Freund Márcio Tubino, genialer Spitzenmusiker, sehr freundlicher Planetenbewohner und seit Jahren festes Mitglied bei meinem Weltmusikprojekt ›Sound of Islands‹«.

Willy Astor

»Richtig fesch, so eine Feschoada!«

Rita de Cássia Silva Rodrigues

Ich bin in Santa Maria geboren und in São Sepé aufgewachsen, einer kleinen Stadt mitten in Rio Grande do Sul, dem südlichsten Bundesland Brasiliens, mit Grenzen zu Uruguay und Argentinien.

Mit 18 Jahren bin ich nach Porto Alegre umgezogen, in eine Großstadt. Dort habe ich meinen Mann kennengelernt, und zusammen sind wir im Jahr 1995 nach München ausgewandert.

Ich habe in verschiedenen Branchen gearbeitet, war Model, Tour-Managerin und Verkäuferin, Friseurin. Mein Mann ist Musiker, und wir kochen gerne für Freunde und haben immer einen Platz am Tisch für einen neuen Gast. Ich liebe die französische Nouvelle Cuisine und die Regionalküchen aus aller Welt. Jeder hat seine Erinnerungen daran, was Mutter, Oma, Onkel, Tante oder Freund mal gekocht haben. Und das verbindet Essen mit Emotionen, Geschichten, Gerüchen und Landschaften.

»Essen ist Kultur, Essen ist Austausch, Essen ist Freundschaft und Kochen ist ein Akt der Liebe!«

Roberto Di Gioia

PENNE LIGURISCHE ART

Für 4 bis 6 Personen

300 g milder Parmigiano Reggiano (oder Grana Padano)

150 g Pinienkerne

2 Töpfe frisches Basilikum, ein paar Blätter zum Anrichten zurückbehalten

Reichlich bestes Olivenöl

1 frische Knoblauchzehe, abgezogen, klein geschnitten

8 mittelgroße Kartoffeln (vorwiegend festkochend)

250 g frische grüne Bohnen (oder Prinzessbohnen)

400 g Penne Rigate

Salz

Schwarzer Pfeffer aus der Mühle

1 große Tasse Nudelkochwasser (bzw. abgegossenes Nudel-Kartoffel-Bohnenwasser)

12 kleine Kirschtomaten, geviertelt

Chiliöl (wer mag)

Parmesan fein reiben und in eine große Schüssel füllen. (Etwas zum Anrichten zurückbehalten.)

Für das Pesto in einer Pfanne die Pinienkerne ohne Öl leicht anrösten und dann zusammen mit dem Basilikum (samt Blättern und Stielen) und 5 EL Olivenöl mit einem Stabmixer zu einer sämigen Paste pürieren.

Alles mit dem geriebenen Parmesan vermengen, viel Olivenöl angießen, etwas klein geschnittenen Knoblauch, Salz und Pfeffer dazugeben. Wichtig dabei: Man braucht viel, viel Öl! Die Paste darf nicht trocken oder bröselig sein.

Die Kartoffeln schälen und in 2 cm große Würfel schneiden, die Würfel in eine Schüssel mit kaltem Wasser legen.

Die Bohnen putzen und klein schneiden, etwa 4 cm lang.

In einem großen Topf Wasser zum Kochen bringen und gut salzen. Der Salzgehalt des Wassers sollte in etwa so hoch sein bzw. schmecken wie Meerwasser.

Wenn das Wasser kocht, Penne, abgegossene Kartoffeln und Bohnen gleichzeitig ins kochende Wasser geben. Dabei immer wieder den weißen Schaum (das weiße Gold!) und Kochwasser mit einem Schöpflöffel abnehmen und in eine große Tasse gießen, bis sie voll ist.

Wenn die Penne sehr (!) al dente sind, zusammen mit den Kartoffeln und den Bohnen abgießen.

In eine große Pfanne ein paar Esslöffel von dem Nudelwasser geben, etwa die Hälfte des Pestos einrühren und sukzessive Penne/Kartoffeln/Bohnen hinzufügen, dabei immer wieder Öl und Nudelwasser nachgießen, und sehr darauf achten, dass das Ganze nicht zu trocken wird. Es sollte immer alles schön sämig und breiig bleiben!

Dieser Vorgang dauert ein, zwei Minuten, dadurch ziehen die Penne etwas nach, sie saugen das Pesto quasi auf – und schmecken deshalb auch noch besser.

Auf vorgewärmten Tellern anrichten, Tomatenwürfel, Parmesan, Basilikumblätter, Pfeffer, paar Tropfen Olivenöl (und wer mag, auch ein wenig Chiliöl) obendrauf – fertig!

Roberto Di Gioia

Roberto Di Gioia, geb. 1965 in Mailand, saß mit vier Jahren bereits am Klavier, wurde früh zum Beatles-Fan und begleitete »The Fab Four« schon als Fünfjähriger auf seiner Heimorgel. Später, auf dem musischen Gymnasium in Eichstätt, erhielt er eine klassische Musik-Ausbildung und brachte sich Jazz selbst bei. Gegenüber der Schule war ein Jazzclub, wo er als Dreizehnjähriger regelmäßig mit anderen Musikern auftrat. 1984 kam er nach München und lernte Klaus Doldinger kennen, in dessen Band »Passport« er 17 Jahre lang spielte. Seit 2017 leitet Di Gioia die Band »Web Web« mit Tony Lakatos, Christian von Kaphengst und Peter Gall.

»Mein Vater stammt aus Apulien, meine Mutter aus Pfaffenhofen an der Ilm. Die beiden lernten sich am Strand von Cavalino (Venedig) kennen.

Sie verliebten sich unsterblich ineinander, und so kam ich als Halbitaliener in Mailand zur Welt.

Meine Eltern kochen beide leidenschaftlich gern, meine Mutter bayerisch, der Papa italienisch. Ich selbst fing mit 15 Jahren an zu kochen, und eines meiner allerersten Gerichte war ›Penne ligurische Art‹. Damit verbinde ich meine Kindheit.

In der indischen Küche gibt es ein Gericht, das nennt sich ›Aloo Sabzi‹. Viele Gewürze, und sonst nur Kartoffeln. Dazu wird Basmati-Reis serviert. Die Kombination aus zwei ›Beilagen‹, und eins davon ist gar keine Beilage, sondern das Hauptding, so was kennen wir hier gar nicht. Das wäre so, als stünde auf einer Wirtshaus-Speisekarte: ›Knödel mit Spätzle‹ oder ›Nudeln mit Kartoffelsalat‹. Oder: ›Krustenbraten mit Weißwurscht‹.

Bestimmt ist im 18. Jahrhundert mal ein Italiener in Indien gewesen, hat das Gericht ›Aloo Sabzi‹ gegessen und dachte sich: ›Wenn die Kartoffeln mit Reis essen, dann hau ich Kartoffeln an meine Nudeln‹.

Die Kombi aus mehligen Kartoffeln und Penne verleiht dem Gericht was Besonderes. Es ist sämig, beinahe sahnig, ohne dass Sahne dafür verwendet wurde. Man wird satt, ohne voll zu sein. Es ist ein scheinbar schweres Gericht, man fühlt sich aber leicht danach (außer man isst fünf Portionen). Die Bohnen wiederum geben dem Ganzen etwas Frisches. Und irgendwas Gesundes muss ja auch dabei sein …«

Benedikt Ruhdorfer

SCHEITERHAUFEN – »SCHEITERGLÜCK«

Für 4 bis 6 Personen

5 Semmeln (etwas älter, »altbackener« Toast oder Zopf geht auch), in dünne Scheiben geschnitten

400 g Äpfel geschält, entkernt und ebenfalls in dünne Scheiben geschnitten

½ TL Ceylon-Zimtpulver

1 TL Bio-Zitronenabrieb

150 g Zucker (3 EL für die Äpfel abnehmen)

300 ml Milch (zimmerwarm)

5 Eier (Gr. M), getrennt, Eiweiß steif geschlagen

1 Prise Salz

100 g Butter (und etwas extra zum Einfetten der Form), in Stückchen geschnitten

Blaubeer- oder Zwetschgenmarmelade

Ofenfeste Form

Die ofenfeste Form einfetten.

Apfelscheiben mit Zimt, Zitronenabrieb und 3 EL Zucker vermischen.

Backofen auf 175° C Ober- und Unterhitze (155° C Umluft) vorheizen.

Milch, Eigelb, übrigen Zucker und Salz verquirlen. Geschlagenen Eischnee unterheben.

Die Brotscheiben vorsichtig in die Milch-Ei-Masse geben und darin ziehen lassen, bis sie sich vollgesogen haben.

In die Form als Erstes eine Schicht eingeweichte Semmelscheiben legen, dann eine Schicht Apfelscheiben und so weiter, bis alles aufgebraucht ist. Den Auflauf mit Semmelscheiben abschließen.

Restliche Eiermilch darübergießen. Butterstückchen gleichmäßig auf dem Auflauf verteilen und mit der Marmelade noch kleine Kleckse daraufsetzen.

Den Scheiterhaufen etwa 45 Minuten goldgelb backen. Wer mag, überstäubt ihn noch warm mit Puderzucker.

Dazu passen Kompott, Vanilleeis oder Vanillesoße.

»Auch wenn meine Zeit in den mit Sternen geschmückten Häusern und Küchen sehr lehrreich und interessant war, ist für mich die einfache Küche mit hochwertigen Lebensmitteln die schmackhafteste. Und wenn sie mit den guten Kindheitserinnerungen verbunden ist, ist es maximaler Genuss.«

Benedikt Ruhdorfer

Ich bin auf einem Bauernhof am Starnberger See aufgewachsen.

Nach der Schule habe ich eine Kochlehre gemacht, dann zehn Jahre Erfahrungen von Berlin bis Wien gesammelt.

Als ich vor zehn Jahren mit dem Kochen pausierte und die Zeit mit Gartenarbeit überbrückte, merkte ich schnell, dass mir diese Materie noch mehr liegt.

Mittlerweile arbeite ich als Gärtner und habe viele zufriedene Stammkunden.

Titus Vollmer

QUESADILLAS MIT GUACAMOLE

Für 4 bis 6 Personen

Für die Guacamole:

3 reife Avocados

Ungefähr die gleiche Menge Tomaten, am besten gemischt: Cherry-, Rispen- und Salattomaten

1–2 frische rote oder grüne Chilischoten

1 Frühlingszwiebel

1 großes Bund Koriander

1 Limette

Salz

Pfeffer

Ein bisschen Kreuzkümmel

1 Prise Zucker

Tabascosauce (optional)

»Für die gesamte Familie war es immer eine große Freude, wenn Quesadillas mit Guacamole auf dem Speiseplan standen. Die Vorbereitungen haben alle gerne zusammen gemacht.

Während einer den Koriander zerzupft und der andere vielleicht den Käse reibt oder die Paprika schneidet, war es immer schon ein guter Moment für ein Gespräch. Außerdem haben die Jungs es immer geliebt, sich ihre Quesadillas selbst zu belegen und in der Pfanne anzurösten.

Unsere drei Söhne sind schon ausgezogen und aufgebrochen in die Welt. Das Rezept hatte jeder im Kopf und es hat sich in ihren WGs schnell weiterverbreitet.«

Guacamole:
Avocados halbieren, entkernen und mit einem Esslöffel ausschaben. Tomaten und Frühlingszwiebeln klein schneiden, Chilischote entkernen und fein hacken, vom Koriander die Blätter abzupfen und ebenfalls fein hacken. Alles in eine Schüssel geben, den Saft von der Limette darüberträufeln.

Ordentlich salzen, nach Gusto pfeffern, vorsichtig sein mit dem Kreuzkümmel, die Prise Zucker verbindet alles geschmacklich, die Tabascosauce nur, wenn's ein bisschen mehr Schärfe sein darf. Dann mit einem Kartoffelstampfer oder einer Gabel alles zerdrücken und gut durchmischen, nochmals abschmecken.

Tipp:
Da sowohl die Guacamole als auch die Quesadillas Frühlingszwiebeln, Chilischoten und Koriander benötigen, am besten

Für die Quesadillas:

1 gutes Dutzend Weizen- oder Maistortillas (gibt's in praktisch jedem Supermarkt)

2 x rund 200 g würziger Hartkäse am Stück, am besten Gouda (mittelalt oder alt) und Cheddar (es gehen aber auch Appenzeller und Gruyère oder Ähnliches in beliebiger Kombination)

4–5 Frühlingszwiebeln, je nach Dicke

1 großes Bund Koriander

1–2 frische rote oder grüne Chilischoten

2 Paprikaschoten (rot, grün, gelb – bunt schaut gut aus)

gleich die benötigten Mengen für alles zusammen zubereiten und dann aufteilen.

Für die Quesadillas:
Den Käse grob in eine Schüssel reiben, vom Koriander die Blätter abzupfen und fein hacken, Chilischote entkernen und fein hacken, Frühlingszwiebeln in dünne Ringe schneiden, Paprikaschoten putzen, entkernen und in kleine Würfel schneiden, alles vermischen.

Eine Tortilla mit einer Handvoll der Käsemischung belegen, zweite Tortilla darauflegen und andrücken. 6 bis 8 Quesadillas auf diese Art vorbereiten. Falls es bis zum Essen noch dauern sollte, solange im Kühlschrank aufbewahren.

In einer beschichteten Pfanne (ohne Öl) die Quesadillas von jeder Seite 1,5 Minuten knusprig anbräunen, mit dem Pfannenwender mehrmals andrücken, um die beiden Fladen durch den schmelzenden Käse zu verbinden.

Vierteln oder achteln und warm zusammen mit der Guacamole servieren. Dazu ein Glas kaltes Bier, gerne ein bayrisches, passt perfekt!

Titus Vollmer

Seit ich zwanzig Jahre alt war, arbeite ich hauptberuflich als Musiker. Mein Hauptinstrument ist die Gitarre.

Anfang des neuen Jahrtausends habe ich meinen beruflichen Schwerpunkt auf die Komposition und Produktion von Filmmusiken verlegt, arbeite also seitdem hauptsächlich in meinem Studio.

2007 haben Willy und ich uns kennengelernt, uns gut verstanden und begonnen, gemeinsam Alben zu produzieren und auf Tour zu gehen. Ein fantastischer Ausgleich zur manchmal recht isolierten Arbeit im Tonstudio!

Vroni März

SAUERBRATEN MIT SEMMELKNÖDELN

Für 4 bis 6 Personen

Für den Sauerbraten:

1,5 kg Rindfleisch (Schulter, Schaufelstück oder obere Hüfte)

Für den Sud:

Wasser

½ Sellerieknolle

½ Stange Lauch

2 Karotten

2 Zwiebeln

3–4 EL Sauerbratengewürz

2 Lorbeerblätter

250 ml Essig

500 ml Rotwein

Für das Fleisch:

Öl zum Anbraten

½ Sellerieknolle

½ Stange Lauch

2 Karotten

2 Zwiebeln

½ Bio-Zitronenschale

2–3 EL Tomatenmark

3 EL Zucker

2 Lorbeerblätter

6 Pimentkörner

Ein paar ganze Pfefferkörner

750 ml–1 l Gemüsebrühe

Speisestärke zum Andicken der Soße

Sauerbraten:

Das Gemüse für den Sud waschen, putzen und in grobe Würfel schneiden. Alle Sud-Zutaten mit dem Fleisch in eine Schüssel geben, dann mit Wasser auffüllen, bis das Fleisch bedeckt ist, und 2–3 Tage im Kühlschrank durchziehen lassen.

Das Fleisch aus dem Sud nehmen, trocken tupfen, in einem großen Topf mit Öl rundherum gut anbraten, mit Salz und Pfeffer würzen. Fleisch herausnehmen. Den Sud absieben.

Wurzelgemüse (Sellerie, Lauch, Karotten, Zwiebeln) putzen und würfeln, im Fleischtopf anbraten. 2–3 Esslöffel Tomatenmark und Zucker dazugeben, etwas karamellisieren lassen. 2 Lorbeerblätter, 6 Pimentkörner und ein paar Pfefferkörner hineingeben.

Das Fleisch wieder in den Topf legen, mit abgesiebtem Sud und Brühe aufgießen, bis das Fleisch bedeckt ist. 1,5–2 Stunden simmernd mit Deckel köcheln lassen, bis das Fleisch weich ist. Das Fleisch herausnehmen, warm stellen, die Soße durch ein Sieb passieren, mit Stärke etwas andicken und mit Sahne, Preiselbeeren, Salz, Pfeffer und Zucker abschmecken. Den Braten aufschneiden und die Scheiben in die Soße legen.

Semmelknödel:

Die Milch erwärmen und das Knödelbrot darin einweichen. Die halbe Zwiebel würfeln und in der Pfanne andünsten.

Die Petersilie fein hacken, dann zusammen mit den Eiern an die Knödelmasse geben und alles gut durchkneten.

Wenn der Teig zu weich ist, Semmelbrösel dazugeben.

Schlagsahne
3–4 EL Preiselbeeren
Salz
Pfeffer
Zucker

Für die Semmelknödel:
250 ml Milch
1 Pck. Knödelbrot
½ Zwiebel
3–4 Eier (Gr. M)
½ Bund Petersilie

Mit feuchten Händen Knödel formen, in kochendes Salzwasser einlegen. Wenn sie oben schwimmen, sind die Knödel fertig.

Tipp für »Knödel-Neulinge«:
Vorher einen einzelnen (kleineren) Probeknödel formen und ins kochende Salzwasser einlegen, um die Konsistenz der Masse zu prüfen – dann kann es keine böse Überraschung geben …

»Der Sauerbraten meiner Mama war eines meiner Lieblingsgerichte und Vroni hat ihn zu 97% genauso gut hingekriegt wie sie. Semmelknödel dazu sind meiner Meinung nach Pflicht, weil sie mit der Sauce die perfekte Verbindung eingehen.«

Willy Astor

APFEL-TIRAMISU

Für 4 bis 6 Personen
1 Pck. Löffelbiskuits (200 g)
250 ml Apfelsaft
4 cl Calvados
1 großes Glas Apfelmus, gekauft oder selbst gemacht
150 g Mandelblätter
½ TL Ceylon-Zimt
250 g Quark
250 g Sahne
250 g Mascarpone
1 Pck. Vanillezucker
Puderzucker
½ Bio-Zitrone, Saft und Abrieb

Die Löffelbiskuits in eine Form legen und mit dem Apfelsaft und dem Calvados tränken. Das Apfelmus darüber verteilen.

Die Mandelblätter mit etwas Puderzucker und Zimt karamellisieren und abkühlen lassen.

Sahne steif schlagen und mit Quark, Mascarpone und Vanillezucker mischen.

Mit Puderzucker, Zitronensaft und Zitronenabrieb abschmecken und die Masse über das Apfelmus verteilen. Die Mandelblätter darüberstreuen, das Tiramisu vor dem Servieren mindestens 2–3 Stunden kalt stellen und durchziehen lassen.

Vroni März

Ich bin auf einem Bauernhof in der Nähe von Königsdorf mit drei Geschwistern in einem Mehr-Generationen-Haushalt aufgewachsen. Ich habe Hauswirtschaft gelernt und mit dem Meisterbrief abgeschlossen.

Anschließend durfte ich unseren Hof übernehmen, nebenbei fing ich in einer Wirtschaft als Küchenleitung an, bis ich bei Willy und seiner Familie als Haushälterin angekommen bin.

Inzwischen habe ich mich mit einer kleinen Hofbackstube selbstständig gemacht und fahre mit meinen Kuchen und Torten jede Woche auf einen Bauernmarkt nach München.

»Hier wird jeder zum Parfaitionisten!«

Ulli Braun

NOUGAT-PARFAIT

Für 4 bis 6 Personen

2 Eier (Gr. M)

125 g Zucker

1 Vanilleschote,
Mark ausgekratzt

200 g Nougat, geschmolzen

400 ml Sahne, geschlagen

50 ml Orangensaft

Die Eier mit Zucker, Orangensaft und Vanille in einer Metallschüssel über einem kochenden Wasserbad schaumig aufschlagen und danach kalt schlagen.

Jetzt den geschmolzenen Nougat an die Mischung geben und nochmals etwas herunterführen.

Danach die geschlagene Sahne unterheben, die Masse in Förmchen abfüllen und mindestens 24 Stunden einfrieren.

Zum Servieren aus den Förmchen stürzen, mit Obst dekorieren, kurz warten, bis sich auf dem Teller der zarte Schmelz zeigt, und dann genießen.

»Dass ich heute Koch bin, habe ich eigentlich meiner Oma zu verdanken. Für mich ist sie heute noch die beste Köchin der Welt. Ich habe immer noch den Duft in der Nase von geriebener Zitrone, gebackenen Schneckennudeln oder ihren Pfannkuchen mit selbst gekochtem Pflaumenkompott.

Ihr Essen hat mich immer glücklich gemacht, und das gleiche passiert, denke ich, wenn meine Gäste das Nougat-Parfait essen.«

Ulli Braun

Geburtstag: 4.10.1978

Geburtsort: Freudenstadt im Nordschwarzwald

Aufgewachsen in Baiersbronn im Nordschwarzwald

1996–1999 Ausbildung zum Koch im 5-Sterne-Hotel Engel Obertal

1999–2004 mehrere Anstellungen als Koch unter anderem im Restaurant Bischoff am See Tegernsee (1* im Guide Michelin)

2004–2010 Sous Chef Yachthotel Chiemsee Prien

2010–2016 Küchenchef Yachthotel Chiemsee Prien

2016–2019 Küchenchef Medical Park und Feinkost Catering

2019 bis heute Küchenchef Privatklinik ChiemseeWinkel

Willy Astor

FLEISCHPFLANZL NACH MAMA TRAUDL

Für 4 bis 5 Personen

400 g gemischtes Bio-Hackfleisch

1 mittelgroße Zwiebel, geschält, zuerst blanchiert (dann schmeckt sie nicht so raus) und sehr fein geschnitten

1 Knoblauchzehe, fein gerieben oder durchgepresst

2 kleine Eier oder 1 großes Ei

½ Bund Petersilie, sehr fein gehackt

1 TL Salz

Etwas schwarzer Pfeffer aus der Mühle

½ TL edelsüßes Paprikapulver

½ TL scharfer Senf

½ trockene Semmel oder dieselbe Menge Weißbrot, sehr klein geschnitten

Ein wenig Milch oder Wasser zum Einweichen

Pro Pfanne 2 EL Sonnenblumenöl und etwas Margarine zum Braten

Hackfleisch in eine Schüssel geben, Zwiebel, Knoblauch, Ei oder Eier, Petersilie und die Gewürze hinzufügen, alles gut vermengen.

Weißbrot in etwas Wasser und Milch handfeucht einweichen (nicht zuviel Flüssigkeit), ausdrücken, dazugeben und die Masse per Hand durchkneten.

Zwei Pfannen mit Öl und Margarine auf mittlerer Stufe erwärmen.

Hände mit etwas Wasser anfeuchten und aus dem Hackfleischteig 6–7 cm große und 2–3 cm dicke Pflanzerl formen, in die Pfannen legen – vorsichtig, mit LIEBE! – und langsam etwa 8 Minuten von jeder Seite brutzeln, bis sie goldbraun sind.

Zusammen mit Kartoffelbrei heiß servieren. Dazu passen sehr gut ein grüner Salat und ein schönes kaltes Bier.

Tipp:
Nicht-gegessene Pflanzerl schmecken natürlich auch als Abendbrotzeit hervorragend – mit Essiggurke und Senf zu einem Butterbrot

LINSENWEISHEIT

Für 4 Personen

1 EL Sonnenblumen- oder Olivenöl

1 Kaffeetasse rote Bio-Linsen (ca. 100 g)

1 Knoblauchzehe, abgezogen, klein gehackt

½ kleinere Süßkartoffel, gewürfelt

300 ml Gemüsebrühe (Instantpulver in heißem Wasser aufgelöst)

1 kleiner süßsaurer Apfel, geschält, Kerngehäuse entfernt, in kleine Würfel geschnitten, ein paar für die Deko zurückbehalten

1 daumengroßes Stück Ingwer, geschält und in sehr kleine Würfel geschnitten

Ein wenig frischer oder geriebener Chili

150–200 ml Kokosmilch

1 Prise Salz

1 TL Agavendicksaft

½ Bund Koriander, sehr fein gehackt, ein bisschen zum Garnieren aufheben

Linsen in einem feinen Sieb gut abspülen und abtropfen lassen. Öl in einer ausreichend großen Pfanne oder einem Topf auf kleinerer Stufe erwärmen.

Knoblauch vorsichtig andünsten, anschließend Linsen und Süßkartoffel dazugeben, Temperatur leicht erhöhen und sofort die Brühe angießen, 10–15 Minuten simmern lassen, bis die gewünschte Bissfestigkeit der Gemüse erreicht ist.

Apfelstücke hineingeben, dann den Ingwer unterrühren, mit Kokosmilch aufgießen, warm werden lassen und mit wenig Salz, Chili und Agavendicksaft abschmecken.

Kurz vor dem Servieren den Koriander sehr fein hacken und unterrühren.

Zum Anrichten nach Gusto mit Apfelwürfeln und/oder dem restlichen Koriander dekorieren.

Hinweis:
Dieses Gericht eignet sich als Hauptspeise genauso wie als Beilage zu gebratenem oder gegrilltem Huhn oder Fisch; es schmeckt auch kalt (mit Zimmertemperatur) als Vorspeise, falls etwas übrig bleibt.

»Landung der Veganier!«

»ASIA-PFLANZERL« MIT JOGHURT-DIP

Für 4 Personen

¼ Tasse Perlgraupen

¼ Tasse Hirse

(oder einfach insgesamt ½ Tasse jeder beliebigen Sorte Getreide, z. B. Dinkel etc.)

1 kleine Zwiebel, fein geschnitten

2 Eier

½ Bund Koriander, ganz fein gehackt

1 TL Curry (Schärfe nach Belieben)

½ frische milde Chilischote (Farbe nach Belieben), entkernt, in feine Ringe geschnitten

1 TL Instant-Gemüse-brühepulver

1 Handvoll Fetakäse, klein gewürfelt (vielleicht ist vom Endiviensalat noch etwas übrig)

Sonnenblumenöl und Butter zum Braten

Körner im Sieb abbrausen, in etwa der doppelten bis dreifachen Menge Wasser bissfest kochen, abseihen, gut abkühlen lassen (sonst stocken die Eier).

Mit der Zwiebel, den Eiern, dem gehackten Koriander, Curry, Chili, Gemüsebrühepulver und dem Feta vermengen.

Etwas Sonnenblumenöl und Butter in der Pfanne auf mittlerer Hitze erwärmen.

Mit einem Esslöffel schöne Portionen von der Teigmasse abnehmen und in die mittelheiße Pfanne geben, die Pflanzerl von beiden Seiten etwa 5–6 Minuten goldgelb braten.

Einen ***Joghurtdip*** als Begleitung beigeben (griechischer Joghurt, Salz, Cayennepfeffer, Schnittlauch, 1–2 Spritzer Zitronensaft*). Dazu passt ein kleiner Salat, besonders gern mag ich Rucola-Tomate dazu, alles direkt auf dem Teller angerichtet.

*(Orientfans rühren noch ein paar gehackte Minzeblättchen und 2 Prisen Kreuzkümmel unter.)

RUCOLA-TOMATEN-SALAT

Für 4 Personen

Salat:

4 Bund Rucola (ca. 200 g), gewaschen, trocken geschleudert

250 g Kirschtomaten, gewaschen, halbiert

80 g Pinien- oder Kürbiskerne

Parmesan (optional)

Dressing:

4–6 EL gutes Olivenöl (Menge nach Gusto)

2 EL Balsamico-Essig

1 TL Dijonsenf

1 TL Honig

2 Spritzer Zitronensaft

Salz

Schwarzer Pfeffer aus der Mühle

Für das Salatdressing Balsamico, Olivenöl, Senf, Honig und Zitronensaft miteinander verquirlen. Mit Salz und Pfeffer abschmecken.

Kerne ohne Öl in einer Pfanne sanft anrösten.

Rucola, Tomaten und Kerne vermischen, auf Tellern anrichten und das Dressing darüberlöffeln.

Wer mag, hobelt sich noch ein paar Parmesanspäne oben drauf …

HERBST-WINTER-SALAT

Für 4 Personen

Salat:

1 kleine rohe Rote-Bete-Knolle, in sehr feine, etwa 4 cm lange Stifte geschnitten

½ Kopf Endiviensalat

1 daumengroßes Stück Ingwer, geschält, gerieben oder in sehr kleine Würfel geschnitten

½ Feta-Schafskäse (ca. 100 g), in kleine (etwa 1 cm große) Würfel geschnitten, ein paar zum Anrichten zurückbehalten

1 Handvoll Walnüsse, grob gehackt, zum Garnieren

Dressing:

2 EL guter Rotweinessig oder 1 EL Rotweinessig plus 1 EL Himbeeressig

2 EL Sonnenblumenöl

1 EL Olivenöl

1 TL Zucker oder Honig oder Agavendicksaft

Schwarzer Pfeffer aus der Mühle

1–2 TL Instant-Gemüsebrühe oder 1 TL Salz

Dressing:
Alle Zutaten in einer Schüssel oder einem Messbecher gut verquirlen.

Salat:
Endivien kurz in warmem Wasser waschen, anschließend mit sehr kaltem Wasser abbrausen (nimmt die Bitterkeit raus und schmeckt angenehm frisch dadurch), dann in sehr feine Streifen schneiden.

Als Erstes die Rote Rübe und den Ingwer mit dem Dressing gut verrühren, ein paar Minuten stehen lassen zum Durchziehen, dann die Endivienstreifen hineingeben, vermischen, bis er gut rutscht. Jetzt die Fetawürfel unterheben und alles nochmal vermischen, anschließend auf einem großen Salatteller anrichten, mit den restlichen Fetawürfeln und den Walnüssen garnieren.

CARPACCIO DE THON À LA TAHITIENNE

Für 2 bis 4 Personen

1 Scheibe (2 cm dick) frischer Thunfisch in Sushiqualität

100–200 ml Kokoscreme (bitte nur Kokoscreme – keine Kokosmilch)

1–2 Prisen Salz

½ TL Currypulver

½ kleine Zwiebel, sehr fein geschnitten

1 kleine Avocado

½ Bund Koriander, fein gehackt

Ein paar rote Pfefferkörner (optional)

½ Limette

Die Kokoscreme mit etwas Salz und Curry würzen, dann die fein geschnittene Zwiebel unterheben.

Thunfisch in 5 mm dünne Filets schneiden und auf einer Platte verteilen, Avocado in ebensolche Scheiben schneiden und dazwischenlegen.

Mit der Kokoscreme-Marinade üppig beträufeln, ein paar wenige (!) rote Pfefferkörner und den Koriander darüberstreuen. Abschließend die halbe Limette über dem Essen ausdrücken – und jetzt genießen!

Nachhaltige Variante ohne Fisch:
Satt Thunfisch und Avocado (wenn einen dabei das ökologische Gewissen plagt), gekochte Rote Bete oder in Olivenöl gedünstete Kohlrabi- und Zucchinischeiben verwenden.

»Dieses besondere Gericht habe ich in der Provence entdeckt, in einer kleinen Brasserie in Bergamon, wo mein Freund Chevillotte wohnt.«

OMELETT, EIN RÜHRSTÜCK MIT EGGSCHN

Für 4 Personen

Omelette:

1 EL Sonnenblumenöl

1 EL Butter

½ Zwiebel

1 kleine Dose Mais

1 frische rote Peperoni

4–5 Eier

½ Bund Koriander

½ TL Currypulver

1 Prise Salz

1 Prise frischer Pfeffer

(nach Wahl: etwas geriebener Parmesan, Menge nach Wunsch)

Endiviensalat:

½ Endiviensalat

1 Avocado

Fetakäse (Menge nach Wunsch)

1 EL guter Weinessig

1 TL Obstessig

2 EL Sonnenblumenöl

1 TL Walnussöl

½ TL Kräutersalz

Etwas schwarzer Pfeffer aus der Mühle

1 TL Himbeer- oder Preiselbeermarmelade

½ TL scharfer Senf

Öl und Butter in die Pfanne geben und langsam erhitzen Zwiebel, Mais und Peperoni dazugeben und ein Paar Minuten langsam anschmoren,

Eier in einem Topf mit einer Gabel gut verquirlen, Koriander mit den Stielen kleinschneiden und zusammen mit dem Curry, Salz und Pfeffer gut verrühren, in die Pfanne geben und bei kleiner Hitze langsam stocken lassen bis die sichtbare Oberfläche in der Pfanne leicht fest wird (evtl. mit einem großen Deckel teilweise abdecken, damit die Hitze auch von oben das gute Stück erreicht), wenn sich nach ein paar Minuten die Ränder leicht lösen lassen, die Pfanne mit einem großen Teller bedecken, das Omelett wenden, wieder in die Pfanne gleiten und nochmal kurz braten lassen, vorsichtig auf eine passende Platte hieven und zerteilen.

Anschließend mit einem Salat Deiner Wahl verspeisen.

Wer möchte, kann das verquirlte Ei noch mit einer kleinen Menge geriebenem Parmesan vermischen.

Endiviensalat kurz in warmem Wasser waschen (nimmt die Bitterkeit raus), anschließend in einem Sieb mit kaltem Wasser abbrausen, das Wasser liebevoll (!) gut abschleudern, dann den Salat in dünne Streifen schneiden.

Avocado in kleine Stücke schneiden, Feta in Würfel.

Alle Zutaten für das Dressing vermengen, nach Belieben abschmecken, den Endiviensalat damit vermischen.

Avocado und Feta dazugeben, alles drehen und wenden, bis der Salat gut gemischt ist, und zusammen mit dem Omelett genießen.

SPAGHETTINI AGLIO E OLIO E PEPERONCINO

Für 2 Personen

200 g Hartweizen-Spaghettini

2 größere Knoblauchzehen

6–8 EL Olivenöl

1–2 getrocknete kleine Chilischoten oder eine frische

5–6 Cherrytomaten, geviertelt

1 Prise Zucker

1 Bund frische Petersilie

½ TL Salz

1 EL Nudelwasser

Etwas Parmesan (nach Bedarf)

Knoblauch sehr klein schneiden, im Öl langsam andünsten. (Achtung, Knoblauch darf nicht braun werden oder verbrennen, sonst wirds bitter.)

Chili dazugeben, dann die Tomaten und die Prise Zucker etwa 10 Minuten mitschmurgeln, bis alles eine leicht sämige Konsistenz hat.

Petersilie dazugeben, eventuell noch etwas nachsalzen und abschmecken, Schärfegrad prüfen.

Währenddessen die Spaghettini in ausreichend Salzwasser al dente kochen, dann 1 EL Nudelwasser in die Pfanne geben, die Nudeln abseihen und vorsichtig unter die Sauce heben, bis alles schön vermengt ist, und die Köstlichkeit auf vorgewärmten Tellern servieren.

»Zungeng'nuss, mein Klassiker.

Das ist was für immer, weil es a) immer schmeckt und b) leicht zu machen und c) ein ewiger italienischer Klassiker für alle Anlässe ist – bitte Zeit lassen beim Herstellen und vielleicht ein Glas Wein während des Kochvorgangs genießen.«

»Ich möchte dieses Kochbuch in Dankbarkeit meiner Mama Traudl widmen, weil sie mich schon als Kind dafür begeistern konnte, ihr beim Kochen zu helfen, und mich auch immer probieren ließ!«

WARTE, BIS ES DINKEL WIRD

Dieser vegetarische Krimi erzeugt in Ihnen wahrscheinlich gemüste Gefühle. Aber ich würze bitten, nehmen Sie's nicht für bare Minze. Wir reiben den 16. Avokadober 1974. Deutschland war Waldmeister. Doch davon wusste niemand im tiefen Süden von Olivien.

In der Region Kardamon bei Limone lag das kleine Dorf Oregano – dort lebten Pfarrer Don Kamille und Peprone. Don Kamille war gerade aus der Kirsche ausgetreten und hatte wieder nicht für kommunistische Himbeeren aus Kuba gepredigt:

»Glaub doch nicht, dass ich für das Rote bete!«

Da wurde die Luft durchschnitten von einer Meldung aus dem Radicchio: »... die Nachrichten mit Johannisbeern Körner. Drama auf der Schnittlauchalm. Vor einer halben Stunde haben zwei junge Kartoffeln ins Gras gebissen. Sie waren auf dem Weg zu ihrer Fritteuse. Sellerie ...«

Sofort setzten setzten sich Don Kamille und Peprone auf ihren Hobel, um hinzugurken.

Es sah nicht besonders lecker aus, wie die beiden Kartoffeln unter dem Beil lagen.

Die Menge kochte, es kam zu einem Auflauf. »Wann fassen Sie den Morchelmörder? Jetzt haben wir März, wollen Sie warten bis Mais?«

Hochrangige Beamte kamen vom Festland mit dem Ampfer. Rechtsanwalt Petersielli und Innenminister Otto Chily. Kurz darauf landete ein schepperndes, wackliges Flugzeug. Aha, die Ratter-TUI.

Im Blitzlicht der Kresse entstieg ein Inspektor aus Wuppertal. Dort gibt es eine vegetarische Schwebebahn, die fährt auf Oberschienen. Der Inspektor bohnte sich den Weg durch die Trauben und stellte sich den Kollegen vor: »Guten Tag sesam, ich bin nicht Ingwer, ich heiße Maroni, heiße Maroni, wo liegen die beiden?« Der Inspektor erschrak. »Um Gotteswillen! An und pfirsich zucchi nie! Aber das ist ja eine feige Sojarei ... schaumal, hirse Spur ... kümmel dich drum, gibt's Verdächtige?«

Broccoli zuckerte mit den Sultan: »Ihnen kann ich's ja sagen Chef, cayenn' Ahnung. Ich knob'l auch!«

Da trat Don Kamille hervor: »Früchte dich nicht! Ich kenne den Mörder, er heißt Joe Rinderkappa!« Hilfe, es war Rinderkappa Joe!
(Achtung, Lernhilfe: Rindercarpaccio)

Don Kamille wusste, der Kartoffelmörder von Oregano würde sich bald rian. Und er murmelte leise: »Warte, bis es dinkel wird!«

Zum Verständnis: Pfarrer Don Kamille wurde als Sohn eines Inders in Los Angeles geboren. Darum nannten sie ihn auch gerne »Curry-L.A.-Sohn«. Er lebte im Pfarrhaus mir seinem warmen Haushälter Rene Claude.

Rene Claude war seit seiner ersten Pflückung homo bonduell und hatte dauernd die Hand in der Dose. Er hoffte, aus seinem Spargel würde irgendwann ein Mooshammer.

Peprone lebte in wilder Zehe mit der bayerischen Kompostbotin Inge Grünkern-Bratl. Sie hörte auch auf »Grünkernbratlinge«.

Einerseits war sie keine Schönheit. Da gab es wesentlich chicoree, ananaseits war sie die Mutter einer glücklichen Fanillie mit majoran Kindern: Rosmarin, Rapunzel, Charlotte, Julienne und Marille. Die Kinder sangen alle im Chor »Don Bleu«, waren aber so unmusikalisch und mussten immer heimlich im Moor üben.

Langsam wurde es dinkel über Oregano.

Peprone studierte gerade die Fenchel-Times und hatte einen Plan. Sie gingen abermals zur Schnittlauchalm, nahmen aber diesmal den Weg, der zu Kräuter führt.

»Sehen sie das Haus, wo das Licht anis!? Das ist das Kartoffelpuff!« Sie konnten durchs Fenster linsen. Vermutlich waren die Gestalten im Schatten Morellen. Sie mussten das Haus kapern!

Mit einer Zwiebelfahne voran stürmten sie die Steige hinauf und standen vorm Zimmer einer Pampelmuse, auf deren Tür stand: »Bitte leise, hier ruht Grepf!« (Lesehilfe: Grape Fruit)

Dort lag eine ganz billige Dirne, Verzeihung, eine ganz dillige Birne. Mit Riesendatteln.

»Hey, dillige Birne, war gerade ein Manndaarine?«

»Yes! Mann go!«

Sie hexelten in einem Löwenzahn auf Zimmer zwölf. Neben einer Kartoffel mit einem Po Tatoo (Lesehilfe: Potatoe) lag schlafend ein Mann. »Hey, werd mal wach, Older! Wer sind Sie!?«

»Ich bin Erich Spitzweg!«

»So so! SpitzwegErich! Keine Möhrchen!«, schrie Don Kamille und riss ihm seine Perücke weg. »Aah! Rinder-kappa Joe! Du brauchst dich gar nicht kostymian! Setz dich erstmal gerade hin!«

»Waaaaas? Das geht Sie gar nix an, auf welche Artisch hocke!«

»Ich heiße Maroni und habe einen Schwarzwurzelgürtel in Karote, Sie sind verhafert!«

Peprone war so begeistert von Inspektor Maroni und knutschte ihn ab. Cous Cous.

»Wollen Sie meine schönste Tochter zur Frau!?«

»Ja, maggi.«

Auch Don Kamille gab seinen Segen: »Ja, dann gehe hin und meerrettich!« Letzten Endes hatte Don Kamille für Maroni die Kastanien aus dem Feuer geholt und wusste von Anfang an, es würde alles zu einem guten Endivien. Obst es glaubst oder nicht. Wirsing!«

REZEPTVERZEICHNIS

Die Gerichte in alphabetischer Reihenfolge

Die Gerichte nach Kategorien

Kochen am Atlantik in Frankreich: einfache Ausstattung und immer großartiges Essen im Pinienwald. Wulle wu Küche avec moi!?

2.Auflage 2025

Zweigstraße 10, 80336 München, info@kunstmann.de
Covergestaltung, Typografie und Satz: Heidi Sorg und Christof Leistl
Coverfotos: Martina Bogdahn
Foto Seite 6: Nils Schwarz
Foto Seite 174: Gila Sonderwald
Alle anderen Fotos: Willy Astor
Lithografie: Reproline-Genceller, München
Druck & Bindung: Pustet, Regensburg
ISBN 978-3-95614-587-2